New Military Paradigm 2

Fog of War

인천상륙작전 vs 중공군

조상근 지음

집문당

일러두기

1. 이 책은 필자가 2009년에 발표한 석사학위논문 "유엔군의 상륙작전이 중공군에 미친 영향"을 연구, 발전시켜 재구성한 것이다.
2. 인물 사진의 출처는 위키피디아, 전황 사진의 출처는 인천상륙작전 기념관과 전쟁기념관이다.
3. 단대호 부호는 다음과 같다.

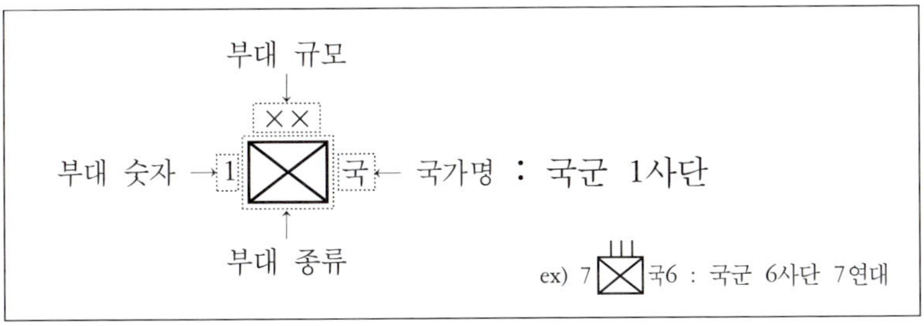

가. 부대 규모

구 분	××××	×××	××	×	III	II
국군, 미군, 북한군	군	군 단	사 단	여 단	연 대	대 대
중공군	병 단	군	사 단	·	·	·

나. 국가명: 국(한국), 미(미국), 영(영국), 터(터키), 벨(벨기에), 핀(필리핀), 중(중국), 북(북한)

다. 부대 종류: (지휘소), (보병), (기병), (기갑),
(포병)

4. 본서에서는 6·25전쟁에 참전했던 중공 군대를 지원군이 아닌 중공군으로, 북한 군대를 인민군이 아닌 북한군으로 표기한다.

머리말

대한민국은 삼면이 바다로 둘러싸인 반도 국가이다. 이런 지정학적 특징은 오랜 세월 동안 우리나라가 주변국들로부터 침략을 받는 주원인으로 작용했으며, 한반도에서 전쟁을 하는 피·아의 지휘관들의 작전구상에도 추가적인 안전장치를 강구하게끔 만들었다. 이런 현상은 군의 무기체계가 현대화되기 시작하자 더욱 심해졌으며, 6·25전쟁 당시 절정을 이루었다. 실례로 북한의 기습남침으로 유엔군이 한반도의 남동쪽 끝인 낙동강 방어선으로 후퇴했을 때, 중공군 공격기세가 가장 강력하여 한반도를 단숨에 삼킬 수 있었던 중공군의 3차 공세에서도 유엔군은 한반도의 지정학적 특징을 이용한 상륙작전 및 그 위협으로 적으로부터 주도권을 탈취하여 한반도를 풍전등화(風前燈火)의 위험에서 구해냈다.

이런 이유로 인해 맥아더 장군의 경험과 신념이 강력히 작용한 인천상륙작전은 20세기의 가장 훌륭한 작전으로 역사에 기록되고 있으며 아직도 우리의 머릿속에 기억되고 있는 것이다. 하지만 냉전과 남북한의 첨예한 대립으로 인해 그동안 인천상륙작전의 전략적 가치는 제대로 조명되지 않았다. 그 결과 우리는 인천상륙작전 당시의 상황에만 초점을 맞출 수밖에 없게 되었고, 북한군에 이어 6·25전쟁에 참전한 중공군에게 인천상륙작전이 미친 영향에 대한 연구를 전과확대(戰果擴大)할 수가 없었다.

다행스럽게 그동안 베일에 가려져 있던 중국, 러시아, 북한의 자료가 공개되면서 인천상륙작전의 전・후 상황과 인천상륙작전이 중공군에 미친 영향에 대해서 연구할 수 있게 되었다. 필자의 연구결과 6・25전쟁 당시 한반도의 지정학적 특징은 제해권과 제공권의 우위를 점하고 있던 유엔군에게 많은 전술, 전략적 이득을 가져다 주었으나, 반면에 지상군만으로 참전한 중공군에게는 전술, 전략적 제한사항에 빠지게 하는 효과가 있었다. 하지만 중공군은 유엔군의 상륙위협을 정확히 파악하기는 했으나 과민반응(過敏反應)하여 스스로 피동성에 빠지게 한 측면이 있고, 유엔군의 경우 상륙작전의 가치를 정확히 인지하지 못한 것으로 파악되었다. 어찌 보면 이런 사항은 불확실성의 연속인 전장에서 일어날 수밖에 없는 아이러니라 할 수 있을 것이다.

이 책의 전개는 우선 인천상륙작전의 전술, 전략적 가치를 분석하고, 이후 중공군의 각 공세에서 인천상륙작전의 결과로 인해 증폭된 불확실성이 당시 중공군 총사령관이었던 팽덕회의 작전지도에 어떤 영향을 미쳤는지를 분석하였다. 최대한 중공군의 입장에서 당시 상황을 분석하려고 노력했으며, 관련 자료 또한 중국 측 자료를 인용했다.

아무쪼록 이 책을 통해 군사학도의 한 사람으로서 6・25전쟁 당시 인천상륙작전의 전술, 전략적 가치가 재조명되길 기원하고, 필자의 한 사람으로서 독자들이 20세기의 최대의 아이러니를 흥미 있게 읽어주길 바란다.

2010년 6월
6・25전쟁 60주년을 기념하여
조상근 씀

한반도 요도

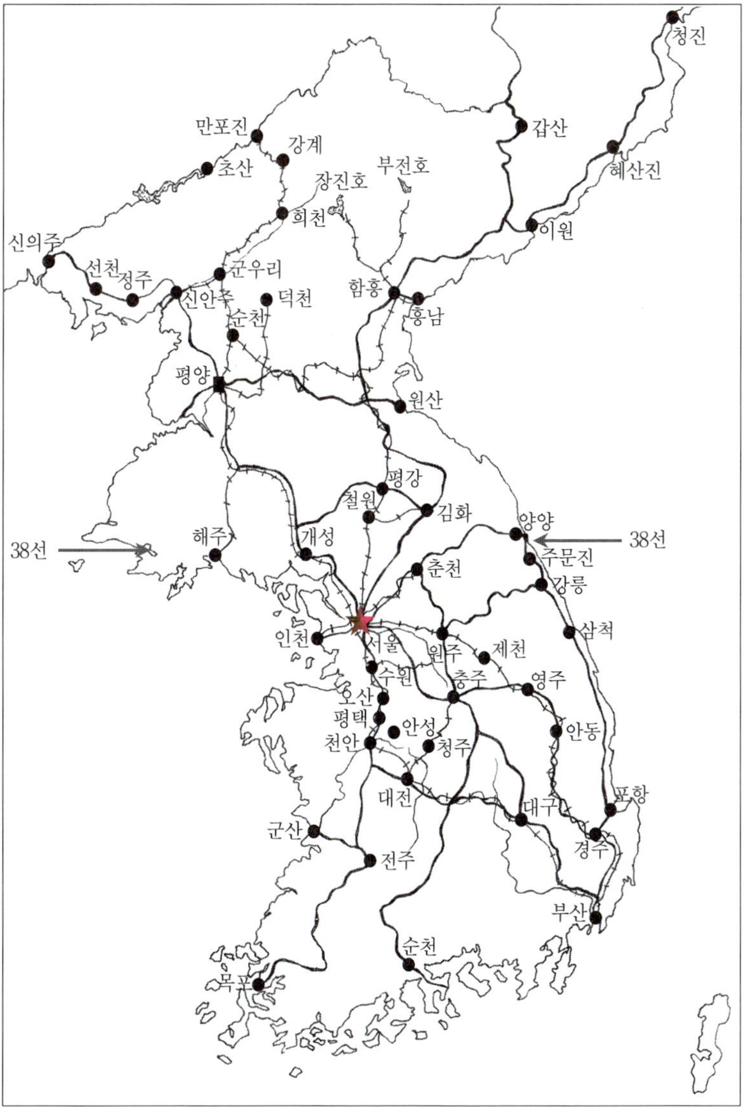
청진
갑산
만포진
강계
혜산진
초산
부전호
장진호
희천
이원
신의주
선천
정주
군우리
함흥
신안주
덕천
흥남
순천
평양
원산
평강
철원
김화
해주
개성
양양
38선
38선
주문진
춘천
강릉
인천
서울
삼척
원주
제천
수원
충주
영주
오산
평택
안성
안동
천안
청주
대전
포항
대구
군산
경주
전주
부산
순천
목포

차 례

표 차례

요도 차례

序 論

1950년 9월 15일에 실시된 인천상륙작전을 계기로 6·25전쟁의 주도권은 북한군에서 유엔군으로 넘어왔다. 또한 인천상륙작전의 성과로 한반도의 90%를 점령했던 북한군은 전장의 뒤안길로 사라져버렸고, 그 대신 중공군이 6·25전쟁의 새로운 주인공으로 등장하게 되었다.

6·25전쟁의 새로운 주인공이 된 중공군은 인천상륙작전의 성과를 무시할 수 없었다. 그럴 수밖에 없었던 이유는 첫째, 한·만 국경에 배치되어 있었던 중공군 13병단은 인천상륙작전으로 북한군 전체가 와해되는 모습을 똑똑히 목격했으며, 둘째, 강력한 공군과 해군을 보유한 유엔군에 비해 북한군과 같이 중공군 역시 공군과 해군의 지원 없이 지상군 단독으로 6·25전쟁에 투입되어 유엔군에 비해 상대적으로 전술적, 전략적 제한사항[1] 속에 있었기 때문이었다.

이런 제한사항을 극복하기 위해 중공군은 여러 정보수집채널을 통해 6·25전쟁 참전 준비기간인 1950년 7월부터 유엔군의 상륙

---

1) 제한사항은 작전부대의 행동의 자유를 제한하고 활동의 피동성을 야기시키는 요소이다.

작전을 예측하기 위한 다양한 활동을 전개했고, 더 나아가 중공군이 한·만 국경선을 넘는 순간부터 유엔군의 상륙위협에 대비했다는 증거가 확인되고 있다.[2] 실제로도 중국의 공간사, 6·25전쟁 당시 작전문서와 13병단 참모요원들의 회고록에서 유엔군의 상륙위협은 중공군 총사령관이었던 팽덕회의 작전지도에 많은 영향을 미쳐, 작게는 중공군의 전투력을 분산시켰고, 크게는 당시 중공 지도부의 전략을 수정케 했던 지배적인 요소로 작용했다고 기록하고 있다.

하지만 지금까지 중공군의 전술·전략에 제한사항으로 작용한 요소에 대한 영역이나 인천상륙작전의 성과와 중공군의 전술·전략과의 상관관계를 분석한 연구는 그렇게 많지 않다. 그나마 대부분의 연구는 중공군의 운동전[3]에만 집중되어 있고,[4] 다만 일부 연구에서 유엔군의 상륙위협에 대한 언급 없이 중공군의 운동전에 영향을 미친 제한사항으로 단순히 공군의 부재, 군수지원의 제한 등에 국한시킨 연구 자료만 있는 실정이다. 또한 일부 연구에서 유엔

---

2) 아래 연구들은 중공군이 유엔군의 인천상륙작전을 예측한 경위와 절차가 비교적 구체적으로 제시되어 있다. 朱建榮, 『毛澤東の 韓國戰爭』(東京: 岩波書店, 1991); 『모택동은 왜 한국전쟁에 개입했을까』, 서각수 역(서울: 역사넷, 2005); 葉雨蒙, 『黑雪: 中國の朝鮮戰爭參戰秘史』(東京: 同文館, 1990); 『한국전쟁(黑雲)』, 오정윤 역(서울: 독서당, 1993); Tsui, David, "중공군의 한국전쟁 참전: 1949년 5월부터 1951년 7월까지(Ⅰ)", 『전략연구』 통권 35호(2005년).

3) 운동전: 중국 홍군이 국공내전과 항일전쟁에서 사용한 기동전의 한 종류. 서양의 기동전은 강력한 기동력과 화력을 보유한 기계화 부대가 수행했지만, 중국의 운동전은 순수 보병의 도보 기동력에 의존했다.

4) 홍성태, 『한국전의 기동전 분석』(대전: 육군교육사령부, 1996); 오정택, "한국전쟁 초기 중국군의 군사전략과 전술 변화양상 연구", 『군사』 67호(2008). 전자의 경우 중공군의 각 전역을 기동전의 구성요소인 작전속도, 정면과 간격전술, 중점을 분석의 틀로 하여 중공군의 기동계획을 작전술 차원에서 체계적으로 분석하고 있어 이 분야에서 선구적인 연구로 평가받고 있다. 후자의 경우 클라우제비츠가 주장한 수단(means)과 목적(ends)이라는 분석기재를 사용하여 중공군의 전술과 군사전략 간의 상관관계를 체계적으로 분석하여 창의적인 연구로 평가받고 있다.

군의 상륙위협을 다루고 있기는 하나 그 연구 시기가 중공군의 3차 공세 이후부터이고, 그 내용 또한 구체적이지 못해 아쉬움을 남기고 있다.

따라서 본서의 목적은 중공군 총사령관이었던 팽덕회가 작전구상을 함에 있어서 인천상륙작전의 결과로 인해 증폭된 불확실성이 그의 작전지도에 어떤 영향을 미쳤는가를 연구하는 것이다. 이를 위해 클라우제비츠가 주창한 불확실성의 개념을 적용할 것이며, 동시에 워 게임 방식[5)]을 적용하여 피・아의 작전형태를 분석함으로써 인천상륙작전의 결과로 생성된 불확실성이 언제, 어디서, 어떻게 중공군의 작전에 영향을 미쳤는지 분석할 것이다.

5) 워 게임(War-game)은 프로이센 육군이 상대방의 전략과 행동을 예측하기 위해 개발한 시뮬레이션으로 상대방이 취할 수 있는 모든 경우의 수를 고려하여 아군이 취할 수 있는 최선의 방책(the best course of action)을 도출해내기 위한 과정이다. 따라서 워 게임은 야전지휘관들이 실시간으로 발생하는 전장의 불확실성을 제거할 수 있는 유용한 도구인 것이다.

제 1 장 불확실성과 워 게임

제 1 장 불확실성(Fog of War)과 워 게임(War-game)

제1절 전쟁의 특성

전쟁에서는 공격자와 방어자가 존재한다. 이들의 행동을 면밀히 분석해보면 공격자는 항상 주도권(initiative)이라는 이점을 가지고 전장을 지배하려 했고, 방어자는 지형활용(key terrain)이라는 이점을 가지고 공격자에 대항하려 했다. 결국 전쟁은 주도권과 지형활용이라는 대립구도로 전개된다는 의미인데, 그렇다면 주도권을 무기로 하는 공격자와 지형활용을 내세우는 방어자 중에 어느 쪽이 전쟁에서 승리할 것인가? 역사적인 전쟁을 살펴보면 먼저 공격한 나라가 승리할 때도 있고, 공격을 받고 효과적인 방어를 실시하여 승리한 나라도 있다. 이렇듯 주도권과 지형활용의 대립은 현재까지도 팽팽하게 전개되고 있는데, 과연 공격자와 방어자 중에 누가 승리할 것인가를 어떻게 예상할 수 있을까? 이는 중국 고사성어 중의 모순(矛盾)처럼 이 세상의 모든 방패를 뚫을 수 있는 창과 이 세상의 모든 창에 견딜

수 있는 방패의 첨예한 대립과 같은 구조로 비유할 수 있을 것이다.

하지만 이런 논의는 비생산적인 것으로서 언제까지나 지속할 수 없기에 전쟁을 냉철하게 바라보는 일부 군사학자들은 시간이라는 제3의 요소를 전쟁에 도입시켰다. 한마디로 전쟁은 공격자와 방어자뿐만 아니라 눈에 보이지 않는 제3의 요소인 시간이 존재한다는 것이다. 여기서 말하는 시간은 우리가 일상생활에서 사용하는 일반적인 개념이 아니라 공격자나 방어자의 이점을 상쇄시키는 이른바 군시(Military Hour)를 의미하는 것이다.[1)]

그렇다면 군시의 개념을 자세히 알아보도록 하자. 위에서 공격자의 이점은 주도권이라 했고, 방어자의 이점은 지형활용이라고 했는데, 여기에 시간이라는 개념을 적용해보자. 공격자의 주도권이란 공격할 시간과 장소를 공격자가 선택할 수 있기 때문에 방어자는 공격자가 공격해 올 가능성이 있는 모든 시간과 장소에 자신의 전투력을 배치해야 한다는 의미이다. 물론 방어자는 공격자의 공격 가능성이 가장 높은 접근로[2)]에 보다 많은 전투력을 배치하고 나머지 접근로에는 상대적으로 약한 전투력을 배치하게 된다. 이때 공격자는 적의 전투력이 강하게 배치된 지역에 소규모 부대로 고착[3)] 및 견제시키고, 자신의 주력은 방어자가 약하게 배치된 곳으로 신속하게 집중공격을 하게 된다. 그렇게 되면 공격자는 자신이 작전한계점(Culminating Point)[4)]에 도달하기 이전에 목표를 점령할 수

---

1) 물론 전쟁의 승패를 결정짓는 요소로는 임무(Mission), 적(Enemy), 지형 및 기상(Terrain and Weather), 가용부대(Troops available), 시간(Time available), 민간요소(Civilian) 등이 있다. 이를 흔히 METT-TC 요소라 한다. 본서에서는 공격자, 방어자, 시간과의 상관관계를 집중 조명하기 위해 위 요소 중 시간만을 사용하도록 하겠다.

2) 접근로(Avenue of Approach)는 일정한 규모의 부대가 전투에 유리한 대형으로 목표나 중요지형지물에 용이하게 도달할 수 있는 지상 또는 공중통로.

3) 고착(Fix Lock on)은 적이 어느 한 지역에서 부대의 전부 혹은 일부를 다른 지역에 운용할 목적으로 전환하는 것을 방지하는 전술적 행동. 견제(Containment)는 적 2제대를 아군의 주력방향 이외의 불필요한 지역에 고착시키는 전술적 행동.

있고, 손실을 최소화할 수 있다. 이것이 바로 주도권과 시간이 결합된 공격자의 승리공식인 셈이다.

이번에는 방어자의 입장을 살펴보자. 방어자는 주도권이 없기에 공격자가 공격할 수 있는 예상 접근로에 자신의 전투력을 배치할 것이다. 이때 방어자는 자신의 전투력을 배치함에 있어 종심 깊게 배치함으로써 공격자를 조기에 발견하여 화력을 집중한다. 이는 공격자의 행동을 둔화시키는 동시에 조기에 공격자의 전투력을 저하시켜 공격자가 방어자의 주력이 배치된 방어선에 접근했을 때는 이미 공격자로 하여금 작전한계점에 도달시키기 위함이다. 여기서 방어자의 이점인 지형이 그 진가를 발휘한다. 공격자의 접근을 관측, 타격하기 위해 배치된 다양한 형태의 경계부대는 공격자의 예상접근로를 통제할 수 있는 능선이나 고지에 배치되고, 공격자와 결정적인 전투를 벌이기 위해 형성된 주방어선 또한 병력, 화력 및 장애물로 통합되어 있어 공격자의 진출을 저지할 수 있기 때문이다. 한마디로 방어자가 지형을 활용한다는 의미는 공격자의 공격시간을 연장시켜 그들의 전투력을 소모시키고, 공격자가 방어자의 주방어선에 도착했을 때는 이미 공격자의 전투력을 소모시켜버리는 이점을 가지고 있는 것이다. 이것이 바로 방어자의 이점인 지형활용과 시간이 결합되어 일구어낸 승수효과라 할 수 있는 것이다.

따라서 군시는 공격자에게는 짧으면 짧을수록,[5] 방어자에게는 길면 길수록[6] 좋은 것이다. 위의 사항을 정리하여 그래프로 나타내

4) 작전한계점(Culminating Point)은 공자의 전투력이 방자의 전투력보다 현저하게 우세하지 못하게 되는 순간을 의미.

5) 공격자의 전투력은 I(주도권)에 비례하고, t(시간)에 반비례한다. $\frac{I_1}{t_1}$이 $\frac{I_0}{t_0}$보다 큰 것처럼 공격자는 최대한 신속히 공격하여 목표를 점령해야 한다. 왜냐하면 t의 값이 커질수록 공격자의 전투력은 약화되기 때문이다. 통상적으로 $\frac{I_0}{t_0}$는 공격자의 최초전투력의 70%가 되는 지점이고, 공격자의 작전한계점이라고 부른다.

6) 방어자의 전투력은 T(지형활용)에 비례하고, t(시간)에도 비례한다. T_1t_1이 T_0t_0

〈표 1-1〉 주도권과 시간의 상관관계

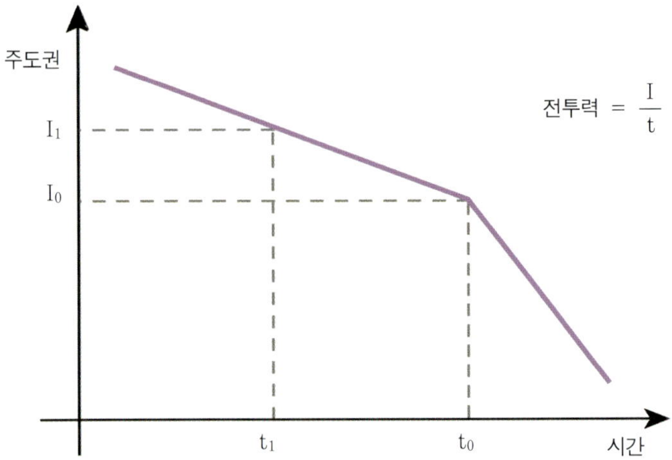

t_0: 공격자가 작전한계점에 도달한 시점.

〈표 1-2〉 지형활용의 이점과 시간의 상관관계

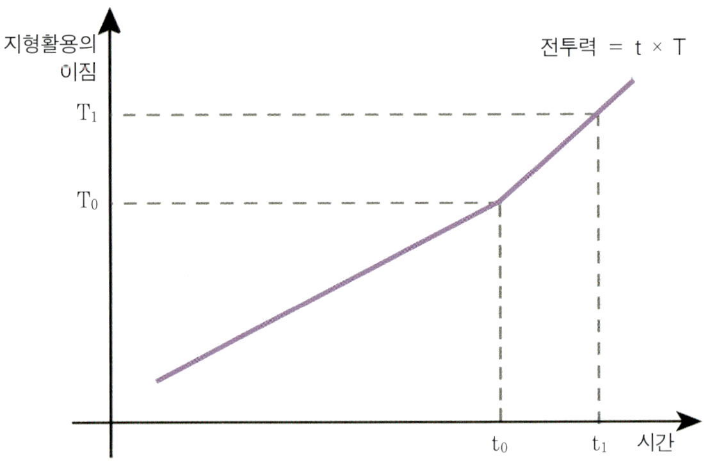

t_0: 공격자가 작전한계점에 도달한 시점.

보다 큰 것처럼 방어자는 최대한 방어 시간을 신장시켜야 한다. 왜냐하면 각주 5에서처럼 공격자의 전투력은 시간에 반비례하기 때문이다. t_0 이후에는 공격자의 전투력이 급감하여 방어자에게 공세이전의 여건이 조성된다.

면 〈표 1-1〉 및 〈표 1-2〉와 같을 것이다.

결론적으로 말해 전장은 공격자와 방어자만 존재하는 것이 아니라 제3의 요소인 시간이 존재한다. 그리고 공격자와 방어자 중에 시간을 더 효과적으로 활용하는 측이 전쟁에서 승리하는 것이다.

제2절 불확실성과 지휘관의 능력

전쟁은 공격자와 방어자뿐만 아니라 시간이라는 제3의 객체가 존재하고, 시간을 활용하여 전쟁의 승패를 결정짓는 것은 결국 지휘관의 능력이라고 밝힌 바 있다. 하지만 지휘관들이 실시간으로 변화하는 전장 상황을 예상하고 그에 합당한 조치를 내린다는 것은 아주 어렵다. 이는 거의 모든 전쟁에서 증명되었고, 첨단 무기체계가 발달한 현대 전쟁에서도 마찬가지다.

군사사상의 선구자인 클라우제비츠는 자신의 저서인 『전쟁론』에서 이런 상황을 “전투의 대부분은 불확실한 안개에 잠겨 있기 때문에 올바른 상황인식 및 조치를 하기 위해서는 날카로운 지성이 요구된다”라고 정의하면서, ‘전장의 불확실성(Fog of War)’이란 군사용어를 만들어냈다. 전장의 불확실성이란 다음 사례처럼 사전에 수립된 계획대로 작전이 이루어지지 않는다는 것을 의미한다. 클라우제비츠가 말한 것처럼 전장은 한치 앞도 예상할 수 없는 예측불허(豫測不許)의 공간이기 때문이다.

> 한쪽 날개에 전력을 기울인다는 슐리펜 구상의 열정적인 단순함 그리고 적의 대응과 상관없이 계획을 고수한다는 원칙은 무너지고 말았다. 종이 위에서는 완벽해 보였던 계획이 다른 무엇보다도 전쟁의 불확실성으로 인한 압박을 받고 망가졌다. 사전에 준비된 전략을 따르는 편안함을 스스로 포기해 버린 몰트케는 그 이후 어떤 결정이 요구될 때마다 우유부단한 성격 때문에 고통을 받았다.[7]

여기서 불확실성이 불러온 베트남전의 처참한 전장 상황을 소개

---

7) 바바라 터크먼, 『8월의 포성』(서울: 평민사, 2008), p. 353(참조 재인용).

하고자 한다. 미국은 자유주의 수호를 위해 공산화의 위협에 처해 있는 남베트남의 정글 속으로 주저 없이 군대를 파견했다. 누구나 세계 최강의 전투력을 자랑하는 미군이 소화기로 무장한 베트콩들을 단기간 내에 소탕하고 남베트남에 자유와 평화를 안겨줄 것이라고 예상했다. 하지만 북베트남은 중무장한 미군의 기동력과 화력을 무력화시키기 위해 철저히 정글을 이용한 게릴라전을 전개했다. 그 결과 경적사상과 비정규전에 대한 준비가 제대로 갖추어지지 않은 미군은 호치민이 이끄는 게릴라들에게 주도권을 빼앗기게 되었다. 또한 호치민이 베트남전의 참혹상을 미디어에 공개하는 심리전을 전개하자 미국은 반전사상에 휩싸이게 되었고 이역만리 베트남에서 작전을 수행하는 미군은 싸워야 할 명분을 조금씩 잃게 되었다.

이런 분위기에서 미군은 작전의 효율성을 증대시킬 수 없었다. 그러자 미군의 사기는 땅에 떨어지게 되었고, 장병들 사이에서는 "정글은 곧 죽음이다"라는 공포의식이 확산되기 시작했다. 병사들은 작전이 종료되면 숙소에서 마리화나를 피우며 두려움을 없애려고 했고, 작전간에는 언제 어디서 나타날지 모르는 베트콩에 대한 공포로 미라이 사건[8]과 같은 집단학살을 자행하기에 이르렀다. 또한 부여된 임무를 수행하기 위해 자신들을 정글로 이끌어가는 소대장과 중대장을 사살하는 사상 초유의 사건까지 발생하였다. 병사들의 살아야만 한다는 욕구가 군의 지휘체계를 파괴시켜버린 것이다. 최근 연구에 의하면 베트남전에서 부하에게 살해당한 지휘관

---

8) 미라이 사건은 베트남 전쟁 중인 1968년 3월 16일 남베트남 미라이에서 발생한 미군에 의해 벌어진 민간인 대량 학살이다. 347명에서 504명으로 추정되는 희생자는 모두 비무장 민간인이었으며 상당수는 여성과 아동이었다. 더욱이 몇몇 희생자는 성폭행을 당하거나 고문을 당하기도 하였으며 시체 중 일부는 절단된 채 발견되었다. 이 사건에는 미군 26명이 가담하였으나 입대한 지 4개월 2주밖에 되지 않은 윌리엄 켈리만이 유죄 판결을 받았다(2010년 4월 26일 위키피디아 '미라이 학살' 검색).

(자)의 수가 1,000명이 넘는다고 한다.[9] 이는 분명히 정글이라는 지리적 불확실성, 게릴라전이라는 전술적 불확실성, 심리전을 통해 반전사상을 유도하는 정치적 불확실성이 복합적으로 작용하여 발생한 결과라 할 수 있다.

이렇듯 오늘날은 무기체계가 발달하여 과거에 비해 전장의 불확실성이 많이 감소되었다 할지라도 적에 대한 정보부족, 과거에 경험해 보지 못한 지형과 기상, 피아가 혼재된 전장 소음과 처참한 살육 등은 첨단 무기체계가 감소시키는 것보다 더 많은 불확실성을 증폭시킨다는 사실을 알 수 있다.

다행히도 클라우제비츠는 이런 불확실성을 극복할 수 있는 방법도 자신의 저서에 기록하였다. 그것은 바로 지휘관의 탁월한 통찰력인 '혜안(coup d'oeil)'이다. 그의 군사사상에 영향을 준 마키아벨리(Machiavelli, Niccoló)도 전장의 특성을 불확실성이 지배하는 위험한 장소로 생각했고, 이를 해결할 수 있는 방법으로 '장군들의 신사고(virtu)'[10]라는 개념을 제시했다. 손자(孫子) 또한 변화하는 전장의 상황을 살피면서 유동적인 전장 상황에 임기응변할 수 있는 지혜를 장수가 갖추어야 할 최고의 덕목으로 꼽았다. 여기서 말하는 '혜안', '비르투', '임기응변의 지혜'는 불확실성과 마찰의 연속인 전장에서 우발적으로 발생하는 상황에 적시에 대처하는 지휘관의 상황판단 및 조치능력을 의미한다. 또한 이런 능력은 단시간에 형성되는 것이 아니라, 군사학에 대한 폭넓은 지식습득과 많은 실전경험을 토대로 이루어진다고 강조했다.

미군도 베트남전의 뼈아픈 경험을 치유하기 위한 해법을 클라우제비츠로부터 얻었다. 주월사령관이었던 웨스트 모어랜드(William C. Westmoreland) 장군은 패전원인을 분석하면서 초급 지휘자의 전

9) 노병천, 『나쁜전쟁 더 나쁜전쟁』(서울: 양성각, 2008), p. 755.

10) 장군들의 신사고는 '군사적인 특별한 감각'이라고 표현하기도 한다.

투지휘능력을 문제 삼았다. 문제는 웨스트 포인트(West Point)와 같은 장교양성기관의 교육체계였다. 당시 미국은 6・25전쟁 이후 평화가 지속되었기 때문에 장교양성기관의 교육체계는 6・25전쟁 이전의 것과 별반 차이가 없었다. 한마디로 국제 정세와 전장 환경은 변화하고 있었지만 미군의 장교양성기관의 교육체계는 20년 전의 것을 그대로 시행하고 있었던 것이었다. 그 결과 정규전 위주의 교육을 받은 초급 지휘자들은 비정규전이 전개되는 정글에서 전투지휘능력을 발휘할 수 없게 되었다.[11)]

웨스터 모어랜드 장군은 이런 문제를 해결하기 위해서 사관학교에 일반학 제도를 도입했다. 그는 '전투에서 탐구로, 요새에서 학교로'라는 슬로건을 내세우면서 생도들에게 군사학뿐만 아니라 정치, 경제, 사회 등 일반학도 학습하게 했다. 왜냐하면 선거에서 승리하지 못한 정당은 야당이 되고, 경영에서 실패한 기업은 도산하듯이 사회의 각 분야도 생존을 위한 치열한 보이지 않는 전쟁을 치루고 있어 생도들이 전쟁을 간접 체험할 수 있기 때문이었다. 궁극적으로 웨스트 모어랜드 장군의 목적은 생도들이 일반학을 학습함으로써 다양한 상황에 대처할 수 있는 상황조치능력을 배양하기 위함이었다. 이처럼 미군은 베트남전에서 경험한 참혹한 현실의 원인을 바로 초급 지휘관들의 전투지휘능력 부족으로 결론지었다.

이렇듯 불확실성의 극복문제는 전쟁의 승패와 직결되는 것으로서 앞으로 연구, 발전되어야 할 전장의 중요한 특성이라고 할 수 있다. 서로 다른 시대에 살았던 동서양의 모든 군사사상가의 저서에 불확실성이 명시되어 있는 만큼 불확실성에 대한 연구는 전쟁의 승리를 위해 반드시 선행되어야 할 것이다.

---

11) Hammes, Thomas X, 최종철 역, 『21세기 제4세대 전쟁(The Sling and the Stone. On War in the 21st century)』(서울: 국방대학교 안보문제 연구소, 2008), pp. 88-92.

제3절 워 게임[12]의 발전과정과 가치

근대부터 국민군의 개념이 대두하고 전쟁이 총력전의 양상을 띠게 되자 전장은 광역화되고 전장의 불확실성은 더욱더 증폭되었다. 또한 나폴레옹(Napoléon Bonaparte)이 기동성을 통해 승승장구하자, 전쟁에서 작전템포(tempo)[13]가 빨라지게 되었고, 지휘관의 신속, 정확한 상황판단 및 조치능력은 더욱더 중요시되었다. 그 결과 독일군 참모제도와 같이 지휘관을 보좌하는 참모의 역할이 증대되었고,[14] 지휘관에 부여된 임무를 달성하기 위하여 군사상의 능력을 가장 효율적이고 효과적으로 사용할 수 있도록 작전술[15]이 등장하게 되었다.

위의 내용처럼 전장의 광역화로 인해 불확실성이 증폭되자 지휘관의 단독판단이나 조치를 불가능하게 만들었고, 급기야 참모조직과 작전술이라는 사고체계까지 등장시켰다.[16] 이는 한마디로 광역

---

12) 이 내용은 2010년 1월 17일 삼성경제연구소에서 발행한 『SERI 경영노트』(37호) 중 채승병 수석연구원이 연구, 발표한 "경영과 전쟁: 워 게임에서 배우는 경영의 지혜"에서 일부를 참조했다.

13) 작전템포는 군사행동의 속도율로서 전장에서 수행되는 일련의 군사활동 속도와 리듬을 의미한다.

14) 쇼오이, 와타나베, 차영구 역, 『독일군 참모본부』(서울: 병학사, 1983), pp. 80-82.

15) 작전술(Operation Art)은 전략지침에서 제시된 군사전략목표를 달성하기 위한 유리한 상황을 조성하는 방향으로 일련의 작전을 계획하고 실시하며, 전술적 수준의 군사활동을 결합하고 전략적 수준의 군사활동과 연계시키는 역할을 수행한다. 이 작전술은 국가의 특성에 따라 변화, 발전되어 왔고, 특히 전투력이 약한 국가들이 그들의 약점을 보완하는 수단으로 작전술을 더 효과적이고 창의적으로 이용하는 경향을 보인다. 1939년 소련의 핀란드(Finland) 침공 시 140km의 만네르헤임(Mannerheim) 전선에서 소련군의 파상공세를 막아낸 핀란드군이나, 6・25전쟁 당시 한반도 북쪽 산악지역에서 신속한 기동전을 구사하여 세계 최강의 미군을 제압한 중공군이 그 대표적인 예이다. 이 중에서도 6・25전쟁 당시 중공군은 미군에 비해 기동력과 화력의 격차가 매우 큰 상태에서 얻어낸 승리로서, 작전술의 가치를 올바르게 평가할 수 있는 좋은 사례이다.

16) Blumentritt, Guenther, 류제승 역, 『전략과 전술. 페르시아 전쟁에서 20세기 핵전쟁까지(Strategie und Taktik)』(서울: 한울 아카데미, 1995), pp. 28-29/340-344.

화된 전장에서는 임무의 분업과 효율적인 시스템을 갖추어야만 넓은 전장에서 동시다발적으로 발생하는 우발상황에 적절히 대처할 수 있다는 의미이다. 이를 위해서는 전장의 불확실성을 제거하고 상대방의 의도와 행동을 예측할 수 있어야 하는데, 근대 프로이센군은 이를 위해 논리적인 사고과정인 워 게임을 개발하였다. 이 워 게임은 프로이센군의 참모제도와 결합되어 그 진가를 발휘하여 프로이센이 근대 전쟁사의 한 획을 긋는 데 견인차 역할을 했으며, 현대에도 각국의 전술, 전략 교리로 자리매김하고 있다.

워 게임은 전쟁의 승패를 가늠하기 위해 참모조직의 역할분담을 통해 적의 행동과 아군의 실현 가능한 방책을 도출해내는 일종의 시뮬레이션 프로그램이다. 워 게임은 19세기 프로이센군에서 군사훈련용으로 개발되어 작전계획 수립 및 교육수단으로 발전되었다. 프로이센 총참모부는 워 게임의 진가를 인식하고 장교들의 군사작전 모의훈련에 활용하였다. 그 결과 프로이센군은 조직력과 장교들의 전략적 역량을 제고시킴으로써 19세기 중후반 오스트리아와 프랑스를 연파하고 독일의 통일을 달성하는 데 기여하였다. 이후 각국은 이런 프로이센의 워 게임을 벤치마킹하여 가상 전쟁연습과 장교 훈련에 적용하고 있다.

최초의 근대적 워 게임은 프로이센의 군정행정관이었던 게오르그 폰 라세비츠(Georg von Rassewitz) 남작이 지형이 표시된 탁자 위에서 보병, 포병 등 병과가 표시된 말을 움직이며 벌이는 전쟁게임을 개발하면서 시작되었다. 라이스비츠 남작은 모든 경우의 수를 고려하여 말을 움직이는 체스게임에서 영감을 얻어 워 게임을 개발했는데, 1811년 국왕인 프레드리히 빌헬름 3세(Friedrich Wilhelm III)와 왕자들 앞에서 시연함으로써 호평을 받았다. 남작의 아들이자 포병 소위였던 게오르그 하인리히가 나폴레옹 전쟁의 교훈을 살려 1824년 개량된 형태의 전쟁놀이(Kriegspiel)를 출간함으로써 워 게임

프로이센군의 워 게임 테이블

은 프로이센군 장교능력개발 및 전쟁수행의 중심으로 자리 잡게 되었다. 당시 프로이센군의 워 게임은 3개의 지도가 사용되었는데, 양쪽에서 적에 대한 정보를 수집, 판단하여 병력을 움직이면 가운데 자리 잡은 심판관이 이를 종합하여 교전결과를 종합, 평가하는 형태를 취했다.

이런 워 게임은 크게 3가지 활용가치가 있다고 할 수 있다.

첫째, 워 게임을 반복적으로 숙달함으로써 군사훈련 성과를 제고시킬 수 있으며, 무엇보다도 장교들의 전략적, 전술적 안목을 증대시킬 수 있다. 왜냐하면 워 게임에 참여하는 지휘관 및 참모들은 다양한 전장 환경과 유동적인 전장 상황을 공유하면서 지휘관과 참모 사이에 전략적, 전술적 공감대[17]가 형성되어 자연스럽게 전장을 파악하는 혜안이 넓어지기 때문이다. 실제로 독일군 참모본부는 상하급 지휘관 모두가 워 게임에 참여하여 훈련함으로써 상급자가 유고 시 차상급 지휘관의 임무까지 수행할 수 있는 역량을 배양했다.[18]

또한 워 게임은 승패보다도 기존의 계획수립 및 실행상의 허점을

17) 공감대는 상·하 지휘관의 개념일치를 의미한다.

18) 쇼오이, 와타나베, 앞의 책, pp. 169-170. 1870년 보불전쟁을 앞두고 당시 프로이센의 참모총장이었던 대몰트케는 대불전을 위해 10여 회에 걸친 워 게임을 통해 계획을 구체화하고 있었으며, 그 결과 3개 군단의 프로이센군은 마치 기계처럼 정확하게 프랑스 국경으로 진격해 갈 수 있었다.

프로이센군의 워 게임용 지도 및 말판들[19]

발견하여 변화된 전장 환경에 부합된 전략, 전술을 발견해가는 과정으로 중요한 의미를 갖는다. 전장에서 임무를 수행하는 지휘관 및 참모는 조직 내부의 시각과 논리에 매몰되어 변화하는 전장 상황을 인지하지 못하고 스스로 전장의 불확실성을 증폭시키는 경향이 있다. 하지만 워 게임은 적의 관점에서 자신의 전략, 전술을 비판적으로 평가하는 능력을 함양시키므로 지휘관 및 참모들이 변화하는 전장 상황에 유동적으로 적응할 수 있어 전장의 불확실성을 제거할 수 있는 것이다.

19) Details des taktischen Kriegsspiels: Spielfläche mit Planquadraten, "Typen", Spielfiguren und Würfeln. Siftung Preußischer Schlösser und Gärten Berlin-Brandenburg(Foto Roman März, Berlin).

〈요도 1-1〉 슐리펜 계획[20]

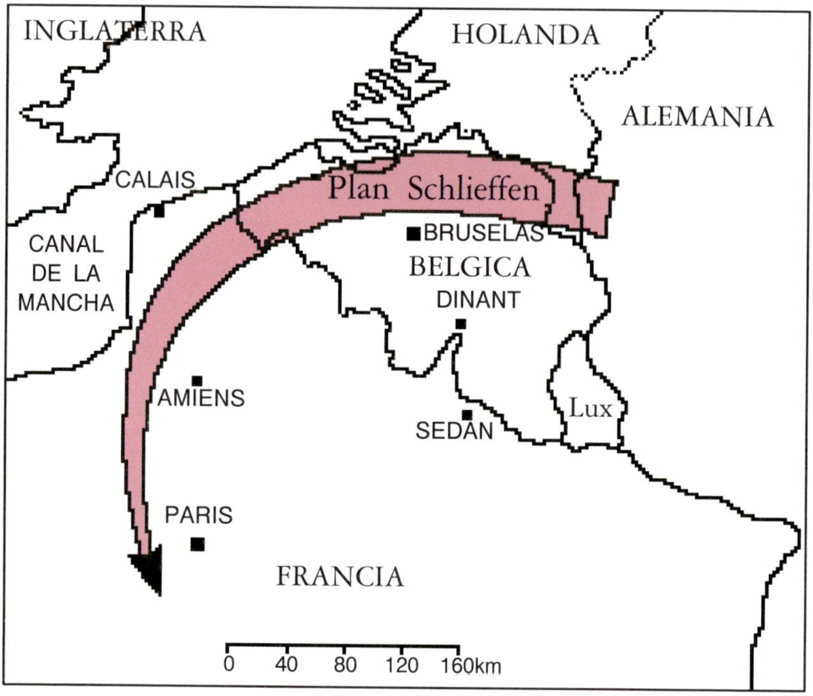

둘째, 지휘관과 참모는 워 게임을 통해 다양한 상황과 결과를 경험하므로 사고의 유연성을 배양할 수 있다. 피아가 혼재되고 대량피해가 발생하는 전장에서는 지휘관과 참모들을 지휘관 중심의

20) http://sgm.casposidad.com/opguerra/planschl.gif. 슐리펜 계획(Schlieffen Plan)은 1905년 12월 프로이센의 육군참모총장 슐리펜이 수립한 프랑스에 대한 작전계획이다. 종래의 러시아・프랑스 양면작전의 원칙을 크게 개정하여 독일군의 전력을 서쪽으로 집중, 프랑스군을 급습해서 섬멸시킨다는 내용이다. 독일군의 좌익은 보주에서 지키고, 우익에 주력을 집중, 진격시켜 파리를 포함한 프랑스군을 포위하는 것으로, 그때 벨기에의 중립을 침범한다는 것이 처음부터 계획되어 있었다. 슐리펜 계획은 러시아가 러・일전쟁의 패배와 제1차 혁명으로 약화된 것을 전제로 작성된 것이며, 제1차 세계대전 발발 때까지 거의 수정되지 않고 서전(緖戰)에 채택되어 독일군 작전의 실패 원인이 되었다.

〈요도 1-2〉 만슈타인 계획21)

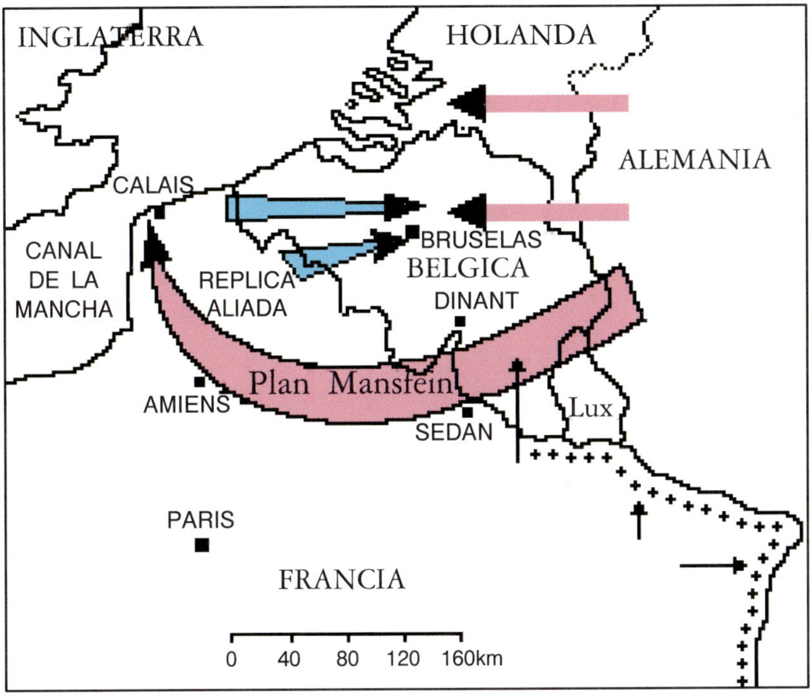

집단사고에 빠지기 쉽다. 하지만 워 게임에서는 참모가 적의 역할을 수행함으로 지휘관과 동등한 의사결정권을 가지므로 부하들의 창의적인 사고를 이끌어낼 수 있다.

실제로 1940년 독일군이 프랑스군을 침공할 계획을 수립할 시 독일군 총참모부는 워 게임을 통한 창의적인 사고를 이끌어내 전격전의 전설을 만들어냈다. 당시 독일군 총참모장인 할더 장군은 1차 세계대전의 슐리펜 계획(〈요도 1-1〉)처럼 주공을 우익에 배치할 계획이었으나, 만슈타인 장군은 기존 계획을 프랑스군이 간파할 가능성이 많음으로 기존의 틀에서 탈피하여 〈요도 1-2〉처럼 주력인

21) http://sgm.casposidad.com/opguerra/planman.gif

기갑부대를 아르덴 산림지역을 돌파하여 연합군의 의표를 찔러야 한다고 주장했다.[22] 할더 장군은 만슈타인 장군의 제안을 거부했지만 여러 번의 워 게임을 통해 작전의 유용성을 깨닫자 만슈타인의 작전계획은 입안되게 되었다.[23] 그 결과 독일군은 1주일 만에 프

---

22) Manstein, Eric von, 육군본부 역, 『잃어버린 승리(Der Verlorene Sieg)』(대전: 군사연구실, 1984), pp. 83-85.

23) Manstein, Eric von, 앞의 책, p. 97. 이런 생각은(만슈타인 계획의 작전개념) 1940년 2월 9일 코블렌츠(Koblenze)에서 있었던 워 게임에서 증명되었다; Guderian, Heinz, *Erinnerung eines Soldaten(한 군인의 기억; Panzer Leader; 기계화부대장)*, Motorbuch Verlag, 18, 2003, pp. 79-87. 만슈타인이 언급한 1940년 2월 9일 및 2월 14일에 열렸던 독일군 지휘부의 워 게임에 대해 제19기갑군단장이었던 구데리안 장군은 그의 저서 '한 군인의 기억(기계화부대장)'에서 당시 워 게임의 상황과 워 게임간에 오갔던 고위 군 장성들의 대화 내용, 주요 국면에서 히틀러의 반응들을 더욱 구체적으로 술회하고 있다; Frieser, Karl-Heinz, *Blitzkrieg-Legende, Der Westfeldzug 1940(전격전의 전설. 1940년의 서부전역)*, Oldengurg, Miliäregeschichtliches Forschungsamt(독일 전사연구소), 2005, pp. 206-220. A집단군 참모장이었던 만슈타인 장군은 독일이 유럽의 기타 국가들과 싸워 승리하기 위해서는 1870년 당시 대몰트케가 세당에서 프랑스군을 포위하여 보불전쟁을 승리로 이끌었던 것처럼 강력한 전차공격을 선두로 신속한 기동과 돌파를 통해 프랑스군의 전선을 두 개로 분리시킴으로써 포위에 의한 섬멸이 있어야 승리가 가능하다고 판단하여 이른바 '만슈타인 계획'을 수립하여 자신의 계획을 당시 기갑병과감이었던 구데리안 장군에게 검토를 부탁한다. 구데리안은 1차 세계대전 참전 경험을 바탕으로 오랜 도상연구와 전차전 이론을 적용해 가며 고심한 끝에 '만슈타인 계획'의 성공 가능성을 직감하고 이후 만슈타인의 유일한 조력자가 된다. 그러나 전차부대가 독자적으로 공격작전을 수행한다는 것 자체가 납득되기 어려웠던 당시 '결정적 작전이 전차부대 단독으로 집중되어 수행된다'는 구상은 상당히 모험적인 것이었던 만큼 만슈타인 계획은 육군 총사령부로부터 무시를 당하게 된다. 총사령부는 만슈타인에게 1차 세계대전 당시 '슐리펜 계획'을 그대로 답습하는 형태로 작전수정을 요구하고, 그는 그 제안을 끝까지 거부한다. 곧은 성격의 만슈타인은 결국 총사령부 내의 심한 증오심을 야기시키게 되어 보병군단장으로 좌천되어 버린다. 이로써 만슈타인 계획에 의한 작전의 대성공은 주로 그의 빛나는 독창력 덕분이었지만, 아이러니컬하게도 독일군의 가장 뛰어난 작전적 두뇌는 그가 구상하였던 전격전을 보병 군단장으로서 뒤에서 지켜볼 수밖에 없게 된다. 따라서 전격전이 치러졌던 서부전역에 대한 생생한 상황전개 및 결정적 작전이었던 '뮤즈강 도하작전'의 국면은 당시 기갑군단의 선두인 제1,

랑스군을 와해시켜버렸다.

셋째, 워 게임은 지휘관과 참모로 하여금 불확실성에 전략적으로 대응할 수 있게 한다. 워 게임은 본질적으로 불확실한 상황을 전제로 벌이는 게임이다. 전장이 광역화될수록 적에 대한 정보는 적어지게 되고, 그 결과 전장의 불확실성은 증폭되기 마련이다. 또한 과거 적에게 치명적인 손해를 입었다면 "자라보고 놀란 가슴, 솥뚜껑보고도 놀란다"라는 속담처럼 치명타를 입은 당시의 상황과 비슷한 여건이 조성되기만 돼도 지휘관의 판단력은 전장의 불확실성이라는 가혹한 현실에 빠져 적시 적절한 조치를 내리지 못하게 한다.[24]

〈표 1-3〉 전장의 광역화 / 정보부족과 불확실성의 관계

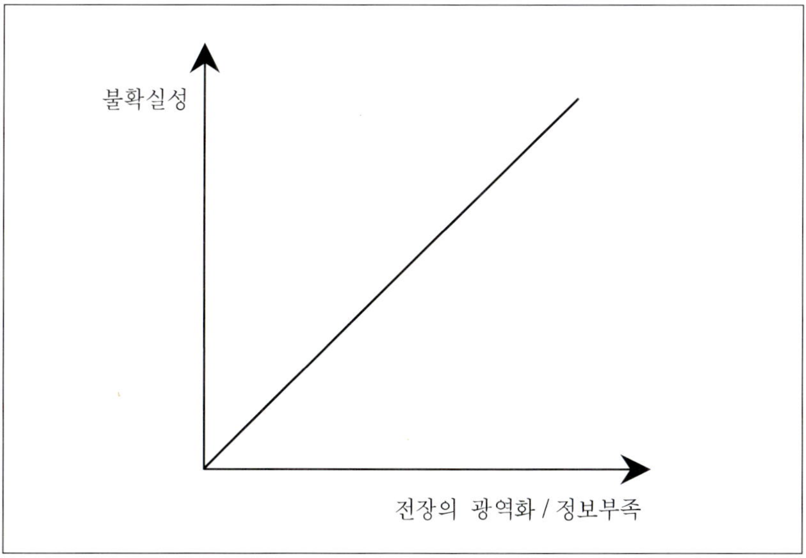

10, 2기갑사단을 지휘한 구데리안 기갑군단장의 회고와 독일 전사연구서에서 발간한 '전격전의 전설'을 통해 알아볼 수 있다.

24) 김용주, 『리더십의 이론과 실체』(대전: 육군 리더십 센터, 1999) 군과 리더십 참고.

〈표 1-4〉 과거의 경험과 불확실성의 관계

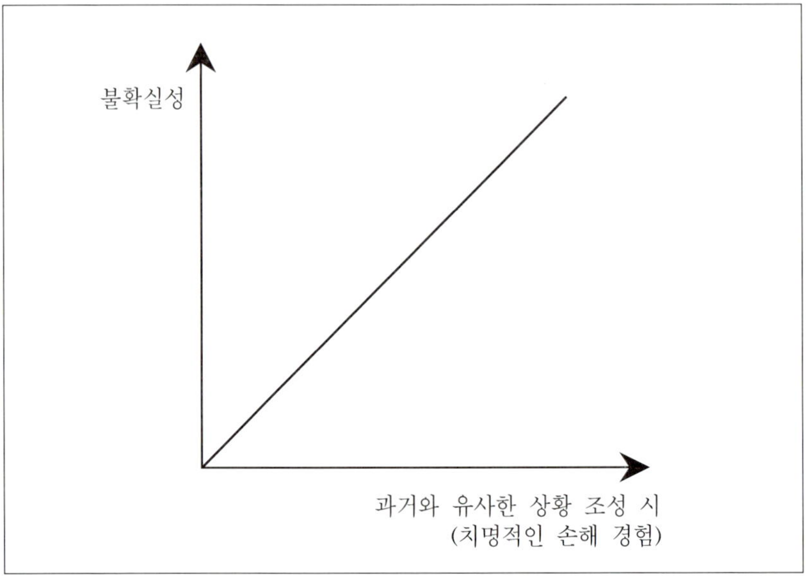

하지만 위 게임을 통해 적이 취할 수 있는 실현 가능한 모든 방책을 모의실험(simulate)을 한다면, 비록 적에 대한 정보가 부족하더라도 전장을 가시화할 수 있고, 상황이 의도되지 않은 방향으로 전개되더라도 이에 대한 보완책을 쉽게 마련할 수 있다.

이처럼 위 게임은 전장의 불확실성을 제거할 수 있는 유용한 도구이자 수단이며, 변화하는 전장상황에 유동적으로 대처할 수 있는 사고과정인 것이다.

제4절 워 게임 적용방안

현재 군에서 공격자는 '아(공격자) 행동－적(방어자) 대응－아 역대응'의 순서로, 방어자는 '적(공격자) 행동－아(방어자) 대응－적 역대응－아 역대응'의 순서로 워 게임을 진행하고 있다. 위와 같이 공격자의 행동을 우선시하는 것은 공격자가 주도권을 가지고 있기 때문이다. 이런 워 게임은 작전계획을 수립 시, 작전 실시 중에 실시되며 피·아 공히 최선의 방책[25]을 도출해내기 위해서이다.

아래 사진은 워 게임 방식을 적용하여 공격작전 계획을 수립하는 모습이다. 미군은 격자화된 사판장에서 단대호(부대 표시)가 그려진 말판을 움직이면서 '아 행동－적 대응－아 역대응'의 순으로 공격계획을 구체화하고 있다. 공격작전 중에도 지휘관과 참모들이 활발한 토의를 통해서 최선의 방책을 도출하여 실시간 상황에 대처하고 있다.

이런 워 게임은 공격과 방어가 반복되는 특정 전역[26]을 분석하는데 매우 유용하게 사용된다. 왜냐하면 워 게임은 실현 가능한 상대방의 행동을 예측한 후, 자신의 행동을 결정짓는 순으로 진행되기 때문이다. 다섯 차례나 공격과 방어를 번갈아가며 치열한 전투를 치른 6·25전쟁의 경우, 워 게임 이론을 적용하여 분석한다면 당시 유엔군과 중공군의 야전 지휘관들이 계획을 수립하거나 실시간 상황조치 시 고려했던 부분이 무엇인지 명확히 알 수 있다. 한마디로 워 게임은 전장의 불확실성을 제거하기 위한 사고과정이기 때문에 6·25전쟁 당시 유엔군과 중공군이 가지고 있었던 불확실성

25) 방책(Course of action): 부대에 부여된 임무를 완수하기 위하여 채택할 수 있는 실행 가능한 계획.

26) 전역(Campaign): 통상 주어진 공간 및 시간 내에 공통목표를 달성하도록 지향된 일연의 관련된 군사작전.

격자화된 미군의 사판장

워 게임 방식을 적용하여 공격계획을 수립하는 미군

은 무엇이었고, 어떻게 자신들이 가지고 있었던 불확실성을 제거했는지를 밝힐 수 있다는 의미이다.

따라서 워 게임 이론을 적용하여 6·25전쟁 당시 유엔군 사령관이었던 리지웨이와 중공군 총사령관이었던 펑덕회가 당시 고려했던 불확실성은 무엇이고, 이를 어떻게 제거해나갔는지를 연구, 설명하는 데 아주 용용할 것이다. 이를 위해 〈표 1-5〉와 〈표 1-6〉과 같이 워 게임 적용모델을 적용하여 유엔군과 중공군의 주요 작전

<표 1-5> 공격작전 시 워 게임 적용모델

1단계	⇨	2단계	⇨	3단계
아 공격		적 대응		아 역대응

<표 1-6> 방어작전 시 워 게임 적용모델

1단계	⇨	2단계	⇨	3단계	⇨	4단계
적 공격		아 대응		적 역대응		아 역대응

을 분석하도록 하겠다.

제 2 장 인천상륙작전

제1절 맥아더 장군의 작전구상과 신념
제2절 1950년 8월 말~9월 초 전장 상황
제3절 적정 최신화와 여건조성작전
제4절 인천상륙작전의 실시
제5절 인천상륙작전의 전략적 가치

제 2 장 인천상륙작전

제1절 맥아더 장군의 작전구상과 신념

맥아더 장군이 6·25전쟁 발발 직후 한강방어선을 시찰하던 1950년 6월 29일에 인천상륙작전을 구상했다는 것은 널리 알려져 있는 사실이다.1) 이 계획은 라이트 준장이 지휘하는 극동군사령부 예하 합동전략기획작전단(JSPOG: Joint Strategic Planning and Operations Group)에 의해 7월 3일에 '블루하트(Blue Heart)' 작전으로 입안되었고, 주요 골자는 미 24사단과 25사단으로 하여금 북한군의 공격을 저지하고 미 1기병사단을 북한군의 측·후방을 타격하기 위해 인천에 상륙시킨다는 것이었다.2)

---

1) 이해성, 앞의 책, p. 260. 맥아더 장군은 태평양 전쟁에서 일본군을 상대로 총 11회의 상륙작전을 지휘한 바 있는 베테랑이었고, 1945년 9월 8일에는 일본군을 무장해제하기 위해 1개 연대를 인천으로 상륙시킨 경험을 가지고 있었다. 또한 일본군은 1894년과 1904년에 인천에 상륙하여, 중국을 침공하기 위해 압록강을 넘어 북진한 전례가 있다.

2) 김광수, "인천상륙작전은 기습이 아니었는가?", 『전사』 제2호(국방군사연구소, 1999), p. 223.

맥아더 장군이 인천을 상륙지점으로 선택한 이유는 북한군의 보급로와 후방을 차단하여 전장의 주도권을 탈취하고, 서울을 조속히 탈환하여 국민들에게 정치적·심리적 안정을 주기 위해서였다. 하지만 이 블루하트 작전은 7월 22일에 실시될 예정이었으나 예상외로 북한군의 공격기세가 강해 미 1기병사단이 7월 10일, 낙동강 방어선에 투입됨으로써 무효화되었다.

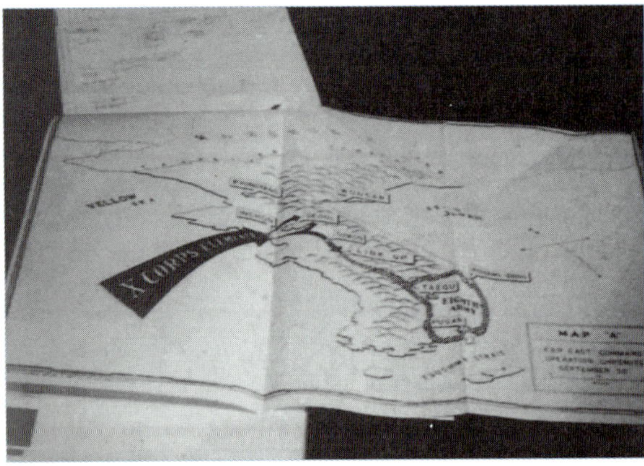

크로마이트 작전 계획서 1(전쟁기념관 자료)

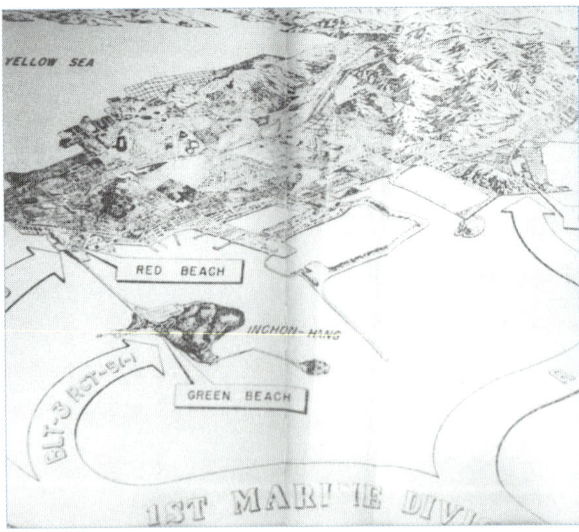

크로마이트 작전 계획서 2(전쟁기념관 자료)

하지만 맥아더 장군은 인천상륙작전을 끝까지 포기하지 않았다. 그는 7월 초, 다시 인천상륙작전계획을 검토하기 시작했다. 이에 미 극동군 사령부는 인천에 상륙하는 100-B 계획, 군산에 상륙하는 100-C 계획, 주문진에 상륙하는 100-D 계획 등 세 가지 상륙작전 안을 검토했다. 물론 맥아더의 선택은 인천에 상륙하는 100-B 계획이었고, 이 계획은 이후 '크로마이트(Chromite)' 계획으로 발전되었다.

그러나 미 합참과 해군은 인천의 지형・지리적 여건, 상륙 병력 및 장비의 부족을 이유로 맥아더 장군의 인천상륙작전을 반대했다. 미 합참의 반대 이유는 크게 다섯 가지로 구분할 수 있는데, 그 내용은 다음과 같다.[3)]

① 인천은 현재 사투를 계속하고 있는 부산에서 420km나 떨어져 있다. 이 때문에 인천에 병력을 투입하는 것은 연합군 병력을 분산시키는 것이 된다.

② 상륙계획에 의하면, 미 8군에서 1해병여단을 추출하여 인천에 상륙시키는 것으로 되어 있지만, 해병대를 부산을 중심으로 하는 방위선에서 빼버리면 부산 확보 그 자체가 위험할 수 있다.

③ 일본에서 미 7사단을 상륙작전에 투입한다고 되어 있으나, 이것은 일본 본토의 육상방위력에 심각한 지장을 초래하게 된다.

④ 상륙작전은 대량의 선박이 필요한데, 만일 실패할 경우 미 8군의 보급, 나아가 유사시 한반도에서의 철수에 커다란 지장이 생긴다.

3) 이해성, 앞의 책, p. 266(참조 재인용).

⑤ 인천의 지리적, 지형적, 해상적 조건은 상륙작전에 적합하지 않다.

이렇듯 인천상륙작전을 실시하기에는 위험부담과 제한사항이 따랐지만 맥아더 장군의 생각은 달랐다. 그는 미 합참, 해군, 해병대의 반대에도 불구하고 전술적, 전략적, 정치적, 심리적으로 적을 와해시킬 수 있는 곳은 인천뿐이라는 점을 강조했다. 동시에 자신이 인천을 상륙지점으로 선정한 이유를 유창한 화법으로 약 45분 동안 반대자들에게 설명했다. 그 주된 내용은 다음과 같다.[4)]

① 서울은 인천의 동방 약 30km 이내의 거리이며, 인천상륙에 성공하면 서울 돌입이 가능하다. 수도 서울을 탈환하는 것은 전략적, 정치적, 심리적으로 대단히 중요하다. 또 이렇게 함으로써 북한군의 보급선을 차단할 수 있으며, 나아가 미 8군과 호응하여 북한군을 포위할 수도 있게 된다.[5)]

② 전술적으로 보아도 북한군은 부산을 중심으로 한 미 8군의 방위선에 묶여 있기 때문에, 후방에 병력을 보낼 여력이 없다. 북한군은 인천의 방비에 대해 충분한 준비를 할 수 없기 때문에 인천으로의 기습상륙은 가능하다. 인천상륙에 따르는 곤란성이 크면 클수록, 그만큼 기습성공의 가능성 또한 높아진다.[6)]

---

4) 이해성, 앞의 책, pp. 269-270(참조 재인용).

5) 맥아더는 서울을 신속히 점령하여 적의 병참선을 차단하기만 하면 낙동강 방어선의 적 주력은 스스로 무너질 것이라고 생각했다. 즉 맥아더 장군은 미 8군과 미 10군단의 연결작전에 관계없이 인천상륙작전 자체만으로도 북한군을 와해할 수 있다고 판단한 것이다.

6) 기습의 정의는 예기치 않은 시간, 장소, 방법으로 적에게 타격을 가하는 것이다. 기습은 적이 모르도록 하는 것도 중요하지만 적이 알더라도 효과적인 대응조치를 취하기에는 늦도록 하는 것이 더욱 중요하다. 여기서 맥아더 장군은 전자보다는 후자의 기습을 노렸다고 할 수 있다.

③ 정치적 · 심리적으로 보아도 여기서 승리한다는 것은 서방세계의 위신이 걸린 문제이다. 한국 및 서방세계의 자신감 회복과 북한의 이미지 저하에 본 작전은 대단히 큰 효과를 가질 것이다.

④ 나아가 부산만의 반격에 의한 한국의 회복에는 약 10만 명의 희생이 필요하다는 예상도 있지만, 인천상륙작전의 성공은 그 생명을 구하게 된다.

결국 맥아더의 명확한 논리와 냉철한 분석력에 의해 반대하던 미 합참, 해군, 해병대 관계자들은 설득되었고, 맥아더 장군은 8월 30일 부로 연합국 총사령관의 명의로 인천상륙에 관한 작전명령을 하달하게 되었다.

제2절 1950년 8월 말~9월 초 전장 상황[7)]

1950년 7월 20일, 중부전선의 전략적 요충지인 대전이 북한군에게 함락되자 미 8군 사령관인 워커 장군은 한반도 최후의 보루인 부산을 지켜내고, 공세 이전의 여건을 조성하기 위해 8월 1일부로 전 부대를 낙동강 방어선으로 철수하도록 지시했다.

이미 90%의 영토를 점령한 북한군의 입장에서는 조만간 유엔군이 형성한 낙동강 방어선을 무너뜨릴 수 있다고 생각했으나, 실상은 그렇지 못했다. 북한군은 11개 사단을 투입하여 총공세를 펼쳤으나 유엔군의 방어선은 뚫리지 않았다. 왜냐하면 유엔 공군과 해군의 군수지원차단작전[8)]으로 북한군의 보급품은 하루 400톤 정도만이 낙동강 전선에 도착하여 예하 부대들의 전투력이 제대로 보충되지 않았기 때문이었다.[9)]

또한 북한 전선 사령부가 병력을 집중하지 않고 낙동강 전 전선에서 분산 공격하는 전술적 과오를 범했기 때문에 북한군 예하 부

---

7) 이 부분은 필자가 2009년 6월에 군사(軍史)지에 기고한 "한국전쟁에서 중공지도부의 인천상륙 예측과정"의 3-(1)을 발췌 수록한 내용이다.

8) 육군본부 군사연구실, 『한국전쟁과 전투근무지원』(대전: 육군본부, 1994), p. 254. 유엔 공군은 철원-서울-안동으로 이어지는 북한군의 보급로에 폭격을 실시하여 북한군의 보급상황을 악화시켰다. 1950년 9월 21일에 투항한 북한군 13사단 참모장은 3사단의 경우 보급부족으로 인해 병력은 겨우 1,500명을 유지하고 있었으며 통신이 두절된 가운데 전차, 화포 등 중요전투장비의 고장 및 파괴와 포탄의 부족 등으로 공격은 고사하고 방어선을 유지할 능력도 없었다고 진술했다. 이처럼 유엔 공군의 군수지원차단작전은 북한군의 전력을 저하시키는 데 가장 큰 기여를 했다.

9) 위의 책, p. 171. 8월 초 북한군의 병참선은 300km로 신장되어 있었다. 북한군은 전선 지역 보급을 위해 보급전담 사단인 36사단을 김천에 창설하고, 주민 36만 명을 강제로 동원하여 1인당 20kg의 보급품을 하룻밤에 20~30km씩 릴레이식으로 낙동강 전선까지 이동시켰다. 하지만 낙동강까지 진출하면서 북한군은 이미 5만 6천 명의 병력손실을 입었으며, 전차도 80% 이상이 파괴되었다. 또한 일선 부대의 전투력은 50~60%로 저하되어 있었다.

<表 2-1>

〈표 2-1〉 8월 초 피아의 전투편성과 전력비교[10]

<table>
<tr><th colspan="3">유엔군</th><th>작전지역</th><th colspan="3">북한군</th></tr>
<tr><td>국군직할</td><td>국군 3사단</td><td>6,489명</td><td>동해안~
영덕</td><td>5사단,
766유격연대</td><td>7,500명</td><td rowspan="7">2군단</td></tr>
<tr><td rowspan="2">국군
1군단</td><td>수도사단</td><td>5,778명</td><td>청송~
구미동</td><td>12사단</td><td>6,000명</td></tr>
<tr><td>국군 8사단</td><td>8,154명</td><td>구미동~
상아동</td><td>8사단</td><td>8,000명</td></tr>
<tr><td rowspan="4">국군
2군단</td><td>국군 6사단</td><td>6,570명</td><td>상아동~
낙정리</td><td>1사단</td><td>9,500명</td></tr>
<tr><td rowspan="3">국군 1사단</td><td rowspan="3">7,660명</td><td rowspan="3">낙정리~
왜관</td><td>13사단</td><td>9,500명</td></tr>
<tr><td>15사단</td><td>5,000명</td></tr>
<tr><td>105전차사단
(40대)</td><td>3,000명</td></tr>
<tr><td rowspan="4">미 8군</td><td>미 1기병사단</td><td>10,276명</td><td>왜관~
현풍</td><td>3사단</td><td>6,000명</td><td rowspan="4">1군단</td></tr>
<tr><td>미 24사단</td><td>9,685명</td><td rowspan="2">현풍~
남지</td><td>4사단</td><td>7,000명</td></tr>
<tr><td>국군 17연대</td><td>1,726명</td><td>2사단(예비, 김천)</td><td>7,500명</td></tr>
<tr><td>미 25사단,
5연대 전투단</td><td>16,928명</td><td>남지~
진동리</td><td>6사단
(차량화・치안연대)</td><td>5,000명</td></tr>
<tr><td colspan="3">8개 사단, 2개 독립연대:
총 73,273명</td><td>총 전투력</td><td colspan="3">11개 사단, 1개 독립연대:
73,000명</td></tr>
</table>

대들의 전투력은 하루가 다르게 저하되었으며, 전장의 주도권은 서서히 유엔군에게 넘어가고 있었다.

10) 국방부 전사편찬위원회, 『한국전쟁(상)』(서울: 국방부, 1996), p. 301. 당시 북한군의 배치를 분석해 봤을 때 북한군은 전투력을 분산하여 낙동강 방어선 전 전선에서 공격하고 있음을 알 수 있다. 보급지원이 원활하지 못한 상태에서 전투력을 분산 운용하는 것은 명백히 북한군의 전술적 실책이었다.

〈표 2-2〉 9월 초 피아의 전투력비교[11)]

구 분	병 력	전 차	야 포	항공기	함 정
유엔군	176,000	500	400,000	5공군	7함대
북한군	98,000	100	250,300	없음	없음
비 율	2 : 1	5 : 1	1.5 : 1	·	·

실제로 당시 유엔군 지상군과 북한군의 전력비를 분석해 보면 〈표 2-1〉과 같이 1 : 1 정도였다. 하지만 제공권과 제해권을 유엔군이 가지고 있었고, 이로 인해 북한군은 보급능력이 저하되었기 때문에 시간이 지날수록 그 차이는 〈표 2-2〉와 같이 더욱 커졌다.

이는 북한군은 이미 작전한계점에 도달하여 공격에서 방어(지연전)로 전환해야 할 시기이며, 유엔군은 공세이전[12)]의 여건이 조성되어 반격작전으로 전환해야 할 시기가 되었다는 것을 의미하는 것이었다. 왜냐하면 전술적으로 공자와 방자의 비율이 통상 3 : 1일 때 공격이 가능한데, 당시 피아 간의 전투력을 비교해 봤을 때는 방자인 유엔군의 전투력이 더 강했기 때문이다. 더욱이 유엔군 지상부대는 낙동강 방어선이라는 준비된 방어진지에서 방어를 하고 있었기 때문에 북한군의 공격은 사실상 불가능한 상태였다.

---

11) 국방부 전사편찬위원회, 『한국전쟁(상)』(서울: 국방부, 1996), p. 344. 1950년 8월 22일, 국군 7사단이 창설되고, 8월 30일에는 영국 27여단이 부산에 도착함으로써 유엔군과 북한군의 전투력 차이는 더욱 벌어졌다.

12) 김정필, 앞의 책, p. 15. 공세이전(Counteroffensive)은 적의 공격을 무력화시키고 전세를 유리하게 확보하기 위하여 방어에서 대규모의 공세로 행동을 적극적으로 전환하는 것이다. 공세이전의 목적은 적의 공세를 저하시키고 적 부대를 파괴하는 데 있다.

제3절 적정 최신화[13)]와 여건조성작전[14)]

1950년 9월 6일, 트루먼 대통령이 인천상륙작전을 재가하자 극동부 사령부는 본격적으로 인천상륙작전 준비를 시작했다. 우선 맥아더 장군은 극동군 제7함대를 주축으로 제7합동기동함대를 편성해 스트러블(Arthur D. Struble) 해군 중장을 사령관으로 임명하고, 상륙부대로 미 10군단을 새로 편성하여 극동군 참모장인 알몬드 장군을 군단장으로 임명했다.

제7합동기동함대는 미국, 한국, 영국, 캐나다, 호주, 뉴질랜드, 프

〈표 2-3〉 상륙부대 편성

구 분	제7합동기동함대	미 10군단	공 군
미 군	7함대 226척	해병1사단(2만 5,040명) 7보병사단(2만 4,854명)	극동공군, 해군 항공단, 해병 항공단
국 군	15척	국군 해병대 1개 연대 국군 17연대 전투단	·
기 타	영국 12척, 캐나다 3척, 호주 2척, 뉴질랜드 2척, 프랑스 1척	·	·
총	261척	6만 9,450명	·

13) 육군본부, 『군사용어사전』(대전: 육군본부, 2006), p. 520. 적정의 최신화란 적의 능력을 실시간으로 평가하는 것이다. 적정 최신화는 적의 구성, 배치 등을 고려하여 적이 아군의 임무수행에 영향을 미칠 수 있는 정도를 평가하는 것으로 작전의 성패에 직결되는 아주 중요한 절차이다.

14) 김정필, 앞의 책, pp. 85-87. 여건조성작전(Shaping Operation)은 적의 능력이나 부대 또는 적의 결정에 영향을 미침으로써 결정적 작전을 지원하는 모든 작전이다. 여건조성작전은 결정적 작전이 시작되기 전이나 막 시작되는 것과 동시에 혹은 그 이후에도 일어날 수 있다. 인천상륙작전 이전에 실시된 유엔 공군의 군수지원차단작전, 인천상륙작전 직전에 실시된 기만, 양동 및 양공 작전 등이 결정적인 작전인 인천상륙작전을 성공시키기 위해 실시된 여건조성작전이라고 할 수 있다.

〈표 2-4〉 크로마이트 작전의 지휘체계[15]

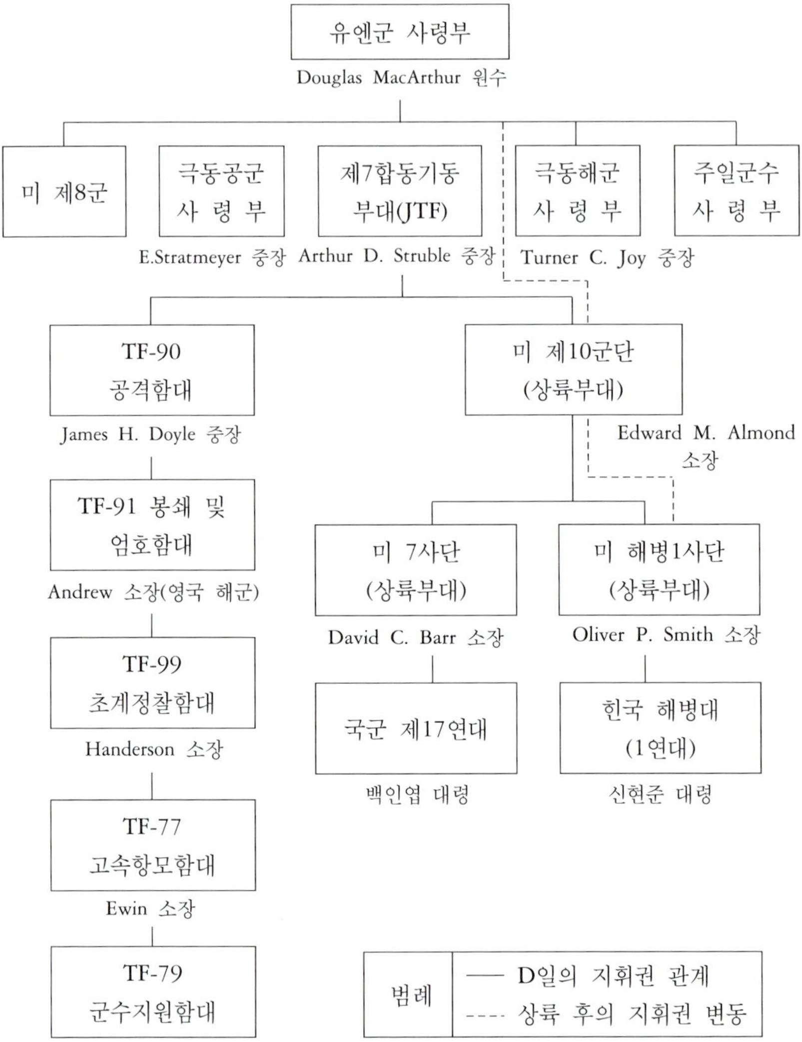

15) 박명서, "인천상륙작전과 서울탈환이 한국전쟁에 미친 영향", 『군사논단』 28호(2001), p. 113(재인용).

샌디에이고에서 승선하는 미 5해병연대

인천상륙작전을 위해 승선하는 국군 17연대

〈요도 2-1〉 인천상륙작전 직전의 상황

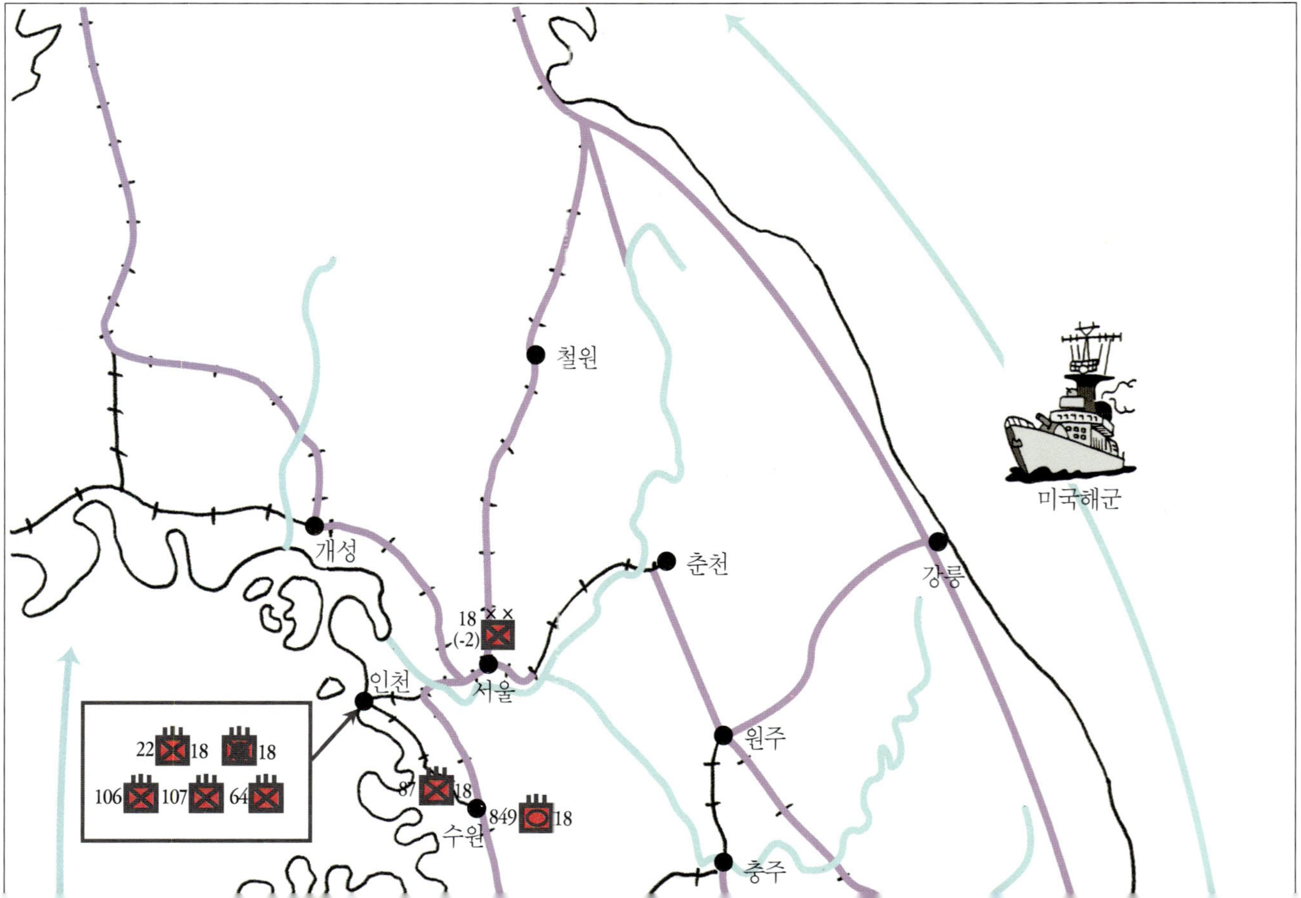

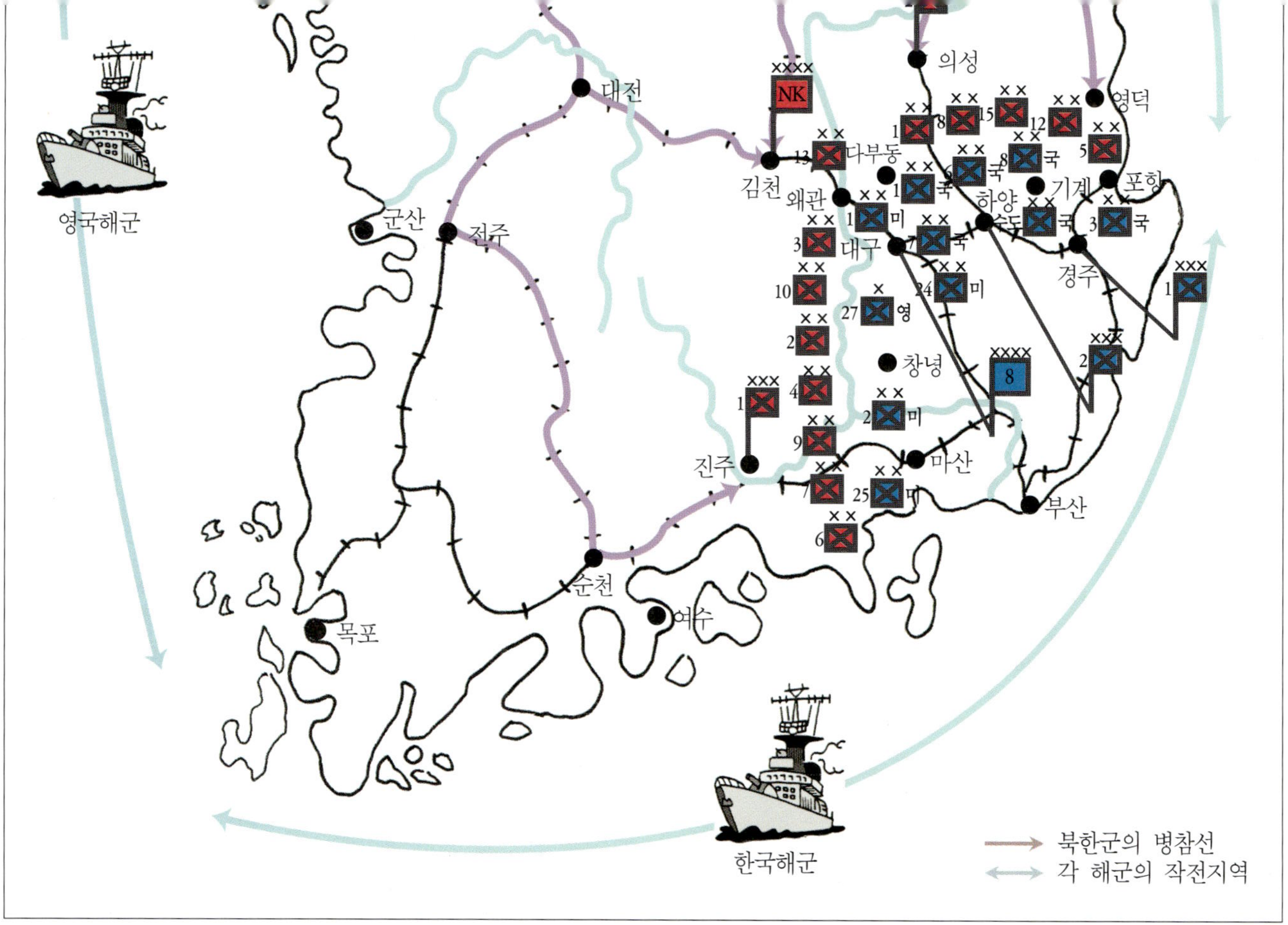

의성
영덕
NK
대전
김천
다부동
왜관
하양
기계
포항
수도
대구
경주
창녕
8
진주
마산
부산
군산
전주
순천
여수
목포
영국해군
한국해군
북한군의 병참선
각 해군의 작전지역

랑스의 해군 등 총 수 216척으로 구성된 대부대였으며, 미 10군단 또한 미국 및 한국 해병대, 미 7사단, 국군 17연대 전투단으로 편성된 총 인원 6만 9,450의 연합부대였다.

이후 맥아더 장군은 가용한 정보수집수단을 활용하여 상륙지점인 인천과 반격작전의 발판인 낙동강 방어선 일대의 적 전력에 대해서 파악하기 시작했다. 왜냐하면 상륙작전의 성패는 상륙단계에서 적 저항의 강도에 따라 결정되기 때문이었다. 이에 극동군 사령부는 미 8군, 미 10군단, 미 해군의 정보수집자산과 항공정찰, 포로수집, 통신감청을 통해 인천과 낙동강 방어선 일대의 적정을 최신화하기 시작했다.[16)]

그 결과 극동군 사령부는 낙동강 방어선 일대에는 약 9만 8천 명의 북한군이, 인천지역에는 약 6,500명의 북한군이 배치된 사실을 파악할 수 있었다.

〈표 2-5〉에서 알 수 있듯이 대부분의 북한군 병력이 낙동강 전선 일대에 집중되어 있음을 알 수 있다. 심지어 9월 공세가 시작되자 후방의 병력들을 급편(急編)하여 약 만 5천 명을 낙동강 전선으로 증원시켰음을 알 수 있다.[17)] 이는 분명히 김일성이 아직 영토점령의 환상에서 벗어나지 못했다는 명백한 증거였다. 반면에 맥아더 장군에게는 인천상륙작전이 성공할 수 있다는 확실한 근거로 작용했다.

인천상륙작전의 성공을 위한 극동군 사령부의 정보수집 노력은 아주 성공적이었다. 하지만 D-day인 9월 15일까지 어떻게 작전보

---

16) 김광수, 앞의 논문, p. 230. 당시 미 8군 예하의 통신 첩보대는 북한군의 통신암호를 해독하여 북한군의 통신망을 감청할 수 있었다. 따라서 미 8군은 인천과 낙동강 일대의 적 규모와 위치에 대해서 비교적 정확하게 판단할 수 있었다.

17) 김광수, 위의 논문, p. 247. 제98독립연대(전선보충대), 나남부대(전선보충대: 700명 규모) 등은 모두 9월 초부터 15일 사이에 서울을 통과하여 전선 사단을 증원할 목적으로 낙동강 방어선으로 이동해 갔다.

〈표 2-5〉 미 8군 사령부의 적정 최신화

구 분	8월 말	9월 초	증 감
낙동강 방어선	82,590명[18] (보병 12개 사단, 전차 1개 사단)	98,000명 (보병 13개 사단, 전차 1개 사단, 전차 2개 여단)	+15,410명[19] (보병 1개 사단, 전차 2개 여단)
경인 지역	6,500명 (인천: 1,000명, 김포 비행장: 500명, 서울: 5,000명)	6,500명[20] (인천: 1,800~2,500명, 김포 비행장: ?명, 서울: ?명)	김포 비행장과 서울에서 인천지역으로 800~1,500명이 증원

안을 유지하느냐의 문제가 남아 있었다. 이에 맥아더 장군은 이 문제점을 극복하기 위해 여건조성작전을 수립하게 되는데, 주로 상륙 수일 전부터 상륙지역 및 그 주변 지역에 대한 공중폭격과 함포사격을 계획했다. 이를 위해 함포지원사격은 D-2(9월 2일)일부터, 공군폭격은 극동 공군에 의해 D-10(9월 10일)일부터 인천, 서울, 평양, 진남포, 군산 등지에서 실시되었다.[21]

〈표 2-6〉에서 알 수 있듯이 미 극동군 사령부는 북한군으로 하여금 군산을 상륙지점으로 믿게 하기 위해 여건조성작전을 펼쳤다.

---

18) 김광수, 앞의 논문, p. 230.

19) 위의 논문, p. 247. 포로가 된 북한군 110경비연대 김영하 소위의 진술에 의하면, 그는 9월 2일 1,000명의 병사들과 사리원을 떠나 9월 7일 서울에 도착했다고 한다. 이들은 다른 병사 230명과 함께 109경비연대와 110경비연대로 재편성되었고 거창과 대전으로 보내질 예정이었으나 인천상륙작전으로 인해 서울 방어로 전용되었다.

20) 이상호, "맥아더와 한국전쟁, 1945~1951", 한국학 중앙연구원 한국학대학원 박사학위논문, p. 135.

21) 국방부 전사편찬위원회, 『인천상륙작전』(서울: 국방부, 1983), p. 342. 미 극동군 사령부는 군산을 상륙지점으로 기만하기 위해 인천과 군산에 폭격을 균등하게 실시했다. 제7합동기동함대는 인천과 서울을 포격하고, 미 극동 공군은 군산일대를 폭격했다.

〈표 2-6〉 미 극동군 사령부의 여건조성작전[22]

<table>
<tr><th colspan="2">해군 함포사격
(작전부대/장소)</th><th colspan="2">공군 폭격(작전부대/장소)</th><th colspan="2">인원(역정보 유출 및 기만)</th></tr>
<tr><td rowspan="2">9월
5일</td><td rowspan="2">영국해군
/
인천</td><td rowspan="4">9월
10일</td><td rowspan="4">7합동기동함대 항공단
/
인천-서울 폭격
미 극동 공군
/
군산 폭격
미 해병대 항공단
/
월미도</td><td>9월
12일</td><td>미·영 코만도부대 군산 상륙</td></tr>
<tr><td rowspan="2">9월
초</td><td>일본 주요 항 및 부산에서 역정보 노출(상륙지점: 군산)</td></tr>
<tr><td rowspan="3">9월
6일</td><td rowspan="3">영국해군
/
군산</td><td>한국인 첩보원 군산 침투
(미군 장비 유기)</td></tr>
<tr><td rowspan="3">9월
13일</td><td rowspan="3">연합통신에 정보유출
"10월 중에 반격할 것인가!"<br>"유엔군 준비 진행 중!"</td></tr>
<tr><td rowspan="3">9월
12
~
13일</td><td rowspan="3">미 극동해군 항공단
/
월미도, 인천</td></tr>
<tr><td rowspan="2">9월
13
~
15일</td><td rowspan="2">미국해군
/
삼척
영국해군
/
진남포</td></tr>
<tr><td>9월
14일</td><td>뉴욕 타임즈에 정보유출
"적 후방의 한국 해안에 상륙작전을 하는 것은 하나의 명백하고도 가능한 전략이다."</td></tr>
</table>

왜냐하면 상륙일자가 다가올수록 대규모 함정이 일본의 주요 항에 집결하는 것을 감출 수는 없었기 때문이었다.[23] 즉 미 극동군 사령부는 이미 유엔군의 상륙작전이 기정사실화되었기 때문에 북한군으로 하여금 군산을 상륙장소로 믿게끔 기만책을 썼던 것이다.

---

22) 김광수, 앞의 논문, pp. 234-238(요약정리).

23) 이처럼 9월 초에는 워싱턴, 동경, 부산 일대에 적의 첩자들이 활발한 활동을 하고 있었다. 여기에는 중국, 북한, 러시아 등 6·25전쟁에 직·간접적으로 개입했던 모든 나라의 첩자들이 있었을 것으로 판단된다.

제4절 인천상륙작전의 실시[24)]

미 극동군 사령부가 주도한 정보수집활동과 기만작전으로 인해 인천상륙작전을 위한 여건이 조성되었다. 9월 13일 아침 7시, 드디어 인천상륙작전을 위한 공격준비 사격이 실시되었다. 미 제9구축함대(6척)와 미 제6함포지원대(4척)가 비어수로로 진입해 인천 앞바다에서 함포사격을 시작했다.

해군의 함포사격과 공군의 차단사격이 끝나자 해병대는 월미도로 상륙하기 시작했다. 해병 5연대 3대대는 9월 15일 06 : 33에 월미도에 상륙하여 08 : 07에 월미도를 점령했고, 12시까지 월미도 소탕작전을 완료했다. 이로써 1단계 작전이 종료되었다. 2단계 작전은 17 : 30부터 시작되었다. 해병 5연대는 레드비치에 상륙하여 응봉산 방향으로, 미 해병 1연대는 블루비치에 상륙하여 117고지 방향으로 공격해 나갔다. 이들의 공격방향은 보급기지로 사용할 김포공항을 경유하여 서울로 향하는 것이었다. 미 해병 1사단은 전투기의 근접항공지원을 받으며 9월 17일에 김포공항을 점령하고, 9월 27일에 서울을 수복했다. 13일간의 작전으로 서울을 되찾은 것이다.

미주리호의 공격준비 사격(주문진 일대)

미 해병 1사단이 교두보를 확장하자 미 7사단도 블루 비치에 상륙하여 안양과 수원방향으로 공격을 시작했다. 미 해병 1사단과는 달리 이들의 공격방향

24) 김정필, 앞의 책, p. 159. 연결작전(Linkup operation)은 2개의 지상부대가 합류하는 작전이다. 전방공격부대(미 8군)가 상륙작전으로 탈취된 목표(경인지역)에서 상륙부대(미 10군단)와 합류하는 것이다.

공격준비 사격 이후 레드비치(Red Beach)를 향해 돌진하는 상륙정

레드비치에 상륙하는 미 해병 5연대

에서 적의 저항은 미비했다.

미 7사단은 9월 20일에 안양을 점령했으며, 9월 23일에는 수원을 점령했다. 그리고 9월 26일 10시, 미 7사단 31연대는 오산에서 미 1기병사단의 베이커 특수임무부대와 연결했고, 27일 오전 8시에는 미 1기병사단의 본대가 미 7사단의 본대와 연결했다. 미 8군 사령관이 추격명령을 내린 지 6일 만에 이루어낸 놀라운 성과였다.

이에 반하여 낙동강 전선에 집중되어 있던 북한군 주력의 상황

〈요도 2-2〉 미 1해병사단의 인천상륙

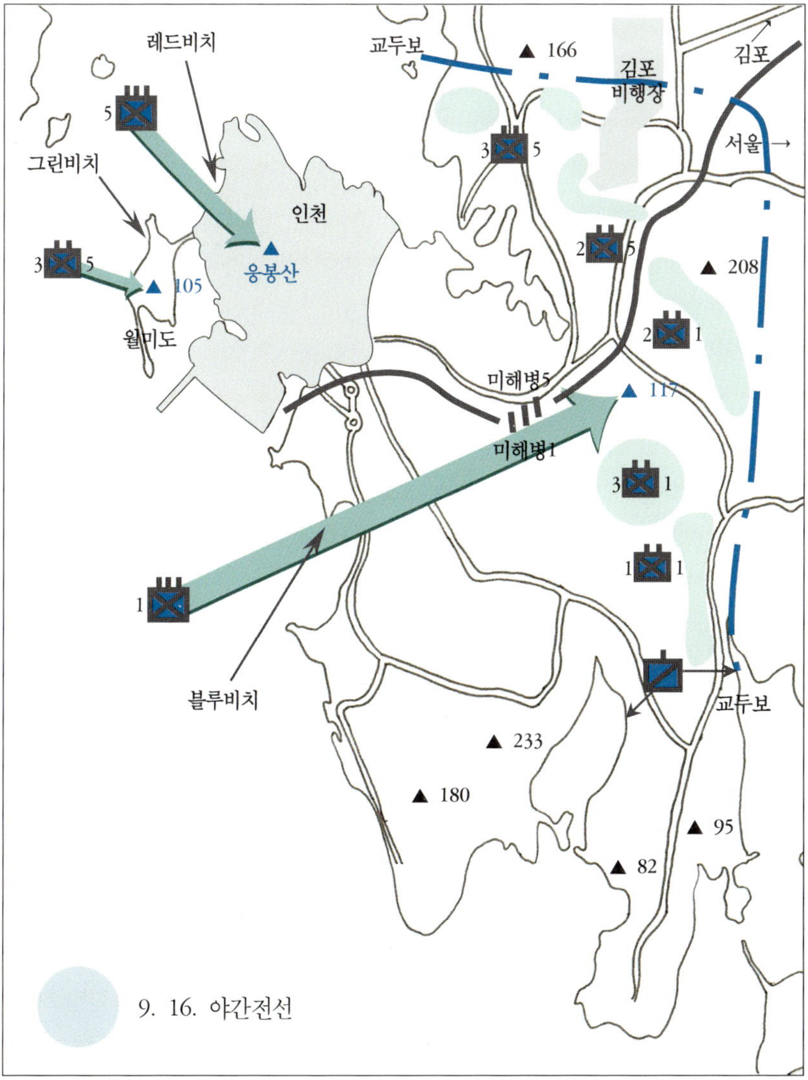

은 처참했다. 인천상륙작전이 실시된 지 6일 후인 9월 21일부터 유엔군이 인천상륙작전을 실시했다는 소식이 북한군 전선에 퍼지기 시작했다. 북한군 지휘부는 이를 감추고 병사들을 독려했으나 병사들의 두려움은 사그러들지 않았다.[25] 맥아더 장군의 말처럼 인천상륙작전을 실시했다는 사실 하나만으로도 북한군은 순식간에 와해된 것이다.[26]

북한군의 전의가 상실되자 미 8군 사령관은 전 부대에 반격명령을 하달했다. 미 8군의 예하부대들은 9월 22일부터 낙동강 방어선을 박차고 나가 북한군을 추격하기 시작했다. 그 결과 북한군은 순식간에 와해되고 전투력을 보존하기 위한 축차적인 지연전은커녕 지휘관들에 의한 정상적인 전투지휘나 부대건제도 유지할 수도 없었

25) 이상호, 앞의 논문, p. 155. 북한군 내부에서 군 기강 해이와 명령 불복종 등이 발생하여 지휘체계가 마비되기 시작한 것이다.

26) Dupuy, Trevor N, *Understanding Defeat*(New York: NOVA Publication, 1990); 『패전분석』, 최종호 · 정길현 역(서울: 삼우사, 2000), pp. 279-295. 공격자가 작전한계점에 도달하는 경우는 유형적 상황과 무형적 상황으로 나눌 수 있다. 이와 관련해서 『패전분석』의 저자 두푸이는 제2차 세계대전과 6 · 25전쟁 등에 참전했던 미군들을 대상으로 작전한계점 도달 요인에 대한 설문조사를 했다. 대부분의 응답자들은 '적이 측면 또는 후방으로 기동하여 아군을 포위하는 경우'를 공자가 작전한계점에 도달하는 가장 치명적인 요소라고 지적했다. 이러한 연구는 지금까지 알려진 것과는 달리 공격자가 전투근무지원의 부족이나 결핍, 높은 사상자율 같은 유형적 상황보다는 적군이 후미에서 접근할 수 있다는 심리적 불안이 공격자를 작전한계점에 도달하게 만드는 주요 요인으로 지적하였다.

〈공격자가 작전한계점에 도달하는 경우〉

구 분	유형적 작전한계점 도달 경우	무형적 작전한계점 도달 경우
내 용	• 병참선 신장 및 보급 부족 • 적의 병참선 차단 / 위협 • 전방 전투부대의 손실 • 적의 동맹군의 증원 • 병참선 방호를 위한 전방병력 차출	• 심리적 불안 • 방어자의 결연성 증대 • 전투원의 의지 상실 • 육체적 탈진 / 사기저하

다. 왜냐하면 북한군은 병참선이 200km 이상 신장된 8월 중순부터 보급지원에 많은 어려움을 겪고 있었기 때문이었다. 더욱이 유엔 공군의 군수지원차단사격으로 인해 낙동강 전선에 도달하는 보급량은 하루 400톤을 넘지 않았다. 그마저도 전투에 당장 필요한 기동장비, 야포, 박격포, 대구경화기가 아닌 소화기와 탄약 종류였기 때문에 전투부대의 기동과 화력은 급격히 저하되었다. 식량보급 또한 여의치 않아 많은 병사들이 영양실조에 걸릴 수밖에 없었다.[27]

설상가상으로 미 해병 1사단이 서울에서, 미 7사단이 오산 일대에서 북한군의 철수로를 차단했기 때문에 북한군은 동쪽에 발달되어 있는 산맥을 이용하여 철수할 수밖에 없었다. 그 결과 북한군의 철수는 지연될 수밖에 없었고, 이마저도 불가능한 북한군들은 지리산이나 태백산으로 숨어버렸다. 전쟁 초기에 북한군이 보여주었던 무서운 공격기세가 한순간에 사라져버렸고, 수많은 사상자와 포로가 발생했다.

27) Westover, John G, *Combat Support in Korea*(Washington D. C.: United States Printing Office, 1987); 『한국전쟁에서의 전투지원』, 조상근 역(서울: 범한서적, 2008), pp. 313-314. 북한군 병사들의 전투력 악화와 사기저하에 가장 큰 영향을 끼친 것은 바로 충분하지 못한 식량의 보급이었다.

제5절 인천상륙작전의 전략적 가치

인천상륙작전은 유엔군이 채택할 수 있었던 반격작전 중에 하나였다. 반격작전을 하기 위해서는 여러 가지 조건이 필요한데, 그중에서 가장 중요한 것이 적이 작전한계점에 도달하는 것이다. 왜냐하면 적이 작전한계점에 도달하지 않은 상태에서 반격작전으로 전환하면 아군의 피해도 만만치 않기 때문이다.

이에 유엔군은 화력에 의한 소모전을 전개하여 낙동강 방어선 일대에 배치된 북한군 주력의 전투력을 저하시키고, 공군과 해군의 폭격과 포격으로 북한군의 병참선을 차단하기 시작했다.[28] 그 결과 후방에 배치되어 있던 북한군의 예비부대는 낙동강 방어선으로 증원되기 시작했으며, 낙동강 전선까지 도착하는 군수품의 양은 하루 400톤을 넘지 못했다. 이로 인해 북한군의 전력소모는 더욱 가속화되었고, 어느새 유엔군에게 공세이전의 여건이 형성되었다.

분명히 유엔군이 한 달 반 동안 낙동강 방어선 일대에서 실시한 소모전은 북한군의 힘을 빼기 위한 전략이었다. 이 전략은 적 주력의 전투력이 저하되면 적은 자신의 예비대를 증원시킨다는 빨대효과[29]를 노린 것으로서 인천상륙작전의 성공률을 높이기 위한 일종의 여건조성작전이었다. 실제로 김일성은 9월 13일에 경인지역에 남겨두었던 18사단 87연대와 849땅크연대마저도 낙동강 전선에 투입

28) 국방부 전사편찬위원회, 『한국전쟁(상)』(서울: 국방부, 1995), p. 372. 유엔군의 입장에서는 여건조성작전의 기간이 길수록 북한군의 후방 예비대의 전력이 약화되므로 약 한 달 반(북한군의 8월 공세와 9월 공세) 동안 공군, 해군, 포병, 전차를 이용한 여건조성작전을 전개했다.

29) 빨대효과(Straw Effect)는 교통이론에서 주로 사용되는 용어이다. 어느 지역에 도로망이 발달하여 접근성이 증대되면 그 주변으로 주변에 이미 형성되어 있던 시장이 이동한다는 이론이다. 이 이론은 사회 각 분야에서 널리 사용되고 있으며, 여기서는 최전방의 병력이 감소되면 이를 보완하기 위해 후방의 예비대가 증대된다는 의미에서 사용되었다.

〈표 2-7〉 인천상륙작전 분석

1단계		2단계	3단계
작전목표 선정		작전수행 방법	결정적 전투
북한군 주력 부대	전 방 (낙동강 방어선의 북한군 주력부대)	〈전투력소모작전: 화력전투〉 ① 방법: 지상, 공중, 해상화력으로 북한군 주력의 전투력 소모 강요 ② 목적: 북한군 예비부대의 흡수	미 8군 (지상 반격)
북한군 병참선 / 퇴로	후 방 (북한군 병참선과 철수로의 병목 지점, 서울)	〈군수지원차단작전: 유엔공군 폭격〉 ① 방법: 병참선 및 군수기지 파괴 ② 목적: 북한군의 군수지원 차단으로 주력부대의 전투력 저하 〈적 후방 위협: 상륙작전〉 ① 방법: 북한군의 퇴로차단 ② 목적: 북한군을 심리적으로 와해	미 10군단 (인천 상륙)
			북한군: 8월 공세 이후 공격한계점에 도달[30]

했으므로 유엔군의 여건조성작전은 성과를 거두었다고 할 수 있다.

여기서 중요한 것은 유엔군이 북한군의 중심(Center of Gravity)[31]

30) 송인영, 『전쟁사II』(서울: 선코퍼레이션, 2000), p. 372. 유엔군 사령부에서는 북한군의 8월 공세가 종료된 8월 말에 북한군이 공격한계점에 도달했다고 판단했다.

31) 김정필, 앞의 책, p. 107. 힘이나 균형의 근원이 되는 것으로 부대가 행동의 자유나 유형 전투력 또는 전투의지를 창출하는 장소나 능력 내지 특성을 의미하는 것으로 중심의 개념은 전략, 작전술 및 전술에 모두 적용되나 전술적 수준보다는 작전 및 전략적 수준에서 그 유용성이 크다.

〈표 2-8〉 인천상륙작전 이후 북한군의 피해 현황[32]

구 분	병력(명)	전차(대)	야포(문)
9월 초 북한군 전력	98,000	100	250,300
인천상륙작전 이후 북한군의 피해 현황	사상자: 52,198 포로: 23,600	노획 / 파괴: 131	노획 / 파괴: 1,596
인천상륙작전 이후 유엔군의 피해 현황	8,479	17	2

인 병참선을 정확히 식별하여 타격했다는 것이다. 공군과 해군은 북한군의 보급체계를 무력화시키기 위해 군수지원차단사격을 실시했고, 상륙지점도 적 보급의 중심인 서울 인근의 인천을 지향한 것이다. 실제로 맥아더 장군은 북한군의 군사력과 군수지원이 한 지점으로 모였다가 다시 남쪽으로 이동하는 방사선식으로 연계된 지점이 서울이라는 점을 착안하여 인천을 상륙지점으로 선정했다.[33]

또한 인천상륙작전의 성과를 분석해 보면 다음과 같은 중요한 사항을 발견할 수 있다. 첫째, 유엔군은 인천상륙작전으로 북한군의 주력을 와해시킬 수 있었다. 〈표 2-8〉에서 보는 바와 같이 9월 초 낙동강 방어선에 투입되었던 북한군의 병력은 98,000명이었으나, 인천상륙작전으로 약 76,000명의 사상자 및 포로가 발생하여, 약 80%의 병력손실을 입었다. 이로 인해 북한군은 중공군의 3차 공세 이전까지 독자적인 작전수행능력을 상실하게 되었다.

둘째, 유엔군은 인천상륙작전 결과 시간과 병력을 절약할 수 있는 가장 유용한 반격작전은 상륙작전이란 사실을 깨달을 수 있었다. 최초 미 극동군 사령부에서는 내륙을 통해 반격작전으로 전환할 경우 〈표 2-9〉과 같이 북한군이 조직적인 지연전을 실시하여 반

32) 육군사관학교, 『한국전쟁사』(서울: 일신사, 1996), p. 390.

33) 김영인, “인천상륙작전의 작전술차원분석”, 『군사평론』 334호(1987), p. 35.

〈표 2-9〉 내륙을 통해 반격작전 시 예상되는 시간과 피해 현황[34)]

적 예상저지선	예상돌파 소요시간	유엔군 예상피해	북한군 예상피해
낙동강 방어선	13일	58,013명	14,473명
금강선	7일	32,534명	8,131명
천안~장호원 선	5일	24,705명	6,017명
한강~38선	5일	24,705명	6,017명
계	30일	139,975명	34,638명

격작전의 속도가 지체되고 약 10만 명 이상의 병력피해가 발생할 것으로 판단했었다. 하지만 적의 배치가 약한 인천을 기습상륙함으로써 작전기간을 1/3로 감소시킬 수 있었고, 최소한의 전투로 승리할 수 있었다.

실제로 인천상륙작전 이후 미 10군단과 미 8군이 단 6일 만에 연결작전에 성공했으므로 당시 유엔군의 입장에서는 상륙작전이 인적, 물적, 시간적 손실을 최소화할 수 있는 가장 유용한 반격작전이었다.

셋째, 한반도와 같이 삼면이 바다로 이루어져 있고 그 폭이 좁은 지역에서는 상륙작전이 유용하고, 특히 제공권과 제해권을 가지고 있는 자는 그렇지 못한 적을 상대로 얼마든지 상륙작전을 통한 기습이 가능하다는 사실이 입증되었다. 사실 인천은 세계에서 조수간만의 차이가 두 번째로 큰 지역이었고 상륙함정이 해안에 접안할 수 있는 시간도 오전과 오후를 합해 약 3시간에 지나지 않았다. 하지만 유엔군은 천연적 장애요인을 극복하고 북한군의 주력을 와해시켰으며 전쟁의 주도권을 탈취하였다.[35)]

---

34) 김영인, 앞의 논문, p. 24.

35) 국방부 전사편찬위원회 편, 앞의 책, pp. 59-60. 유엔군이 이 지역에서 상륙작전을 성공했다는 사실은 한・만 국경선 일대에서 참전을 준비하고 있던 중공군에게는 분명히 위협으로 작용했을 것이다.

넷째, 유엔군은 "제공권과 제해권을 가지고 있는 자는 자신이 원하는 시간과 장소에서 상륙작전을 감행할 수 있다"[36]라는 자신감을 갖게 되었다.

앞에서 제시한 인천상륙작전의 성과들은 북한군을 대신하여 새롭게 6·25전쟁의 주인공으로 등장하는 중공군에게 적지 않은 부담으로 작용했다. 왜냐하면 중공군은 소련과의 공군지원 협상이 결렬되어 지상군만으로 막강한 화력을 가진 미군과 상대해야 했기 때문이었다.[37] 무엇보다도 병참선이 신장된 상태에서 제공권과 제해권을 가지지 못한 북한군이 유엔군의 인천상륙작전으로 일거에 와해된 사실은 중공군을 심리적으로 압박하기에 충분했다. 이처럼 인천상륙작전의 성과들은 중공군이 참전하기 이전부터 그들을 피동에 빠지게 하는 전략적 가치를 가지고 있었다.

---

36) 조상근, 앞의 책, pp. 223-224. 1개 사단이 상륙작전을 할 경우 계획에서 준비까지 보통 60~90일이 소요된다. 그러나 인천상륙작전의 경우 단 2주 만에 모든 작전준비가 끝났다. 1개 군단을 상륙시키는 작전에서 모든 장비와 병력을 동원하고 각 군 간의 계획 협조 및 통합이 2주일 만에 이루어졌다는 사실은 실로 놀라운 일이라 할 수 있다. 이는 제공권과 제해권을 가지고 있는 자와 그렇지 못한 자 사이에서만 일어날 수 있는 상황이다.

37) 이완범, 『한국전쟁: 국제전적 조망』(서울: 백산서당, 2000), p. 143. 팽덕회는 1950년 10월 13일 열린 중국 공산당 정치국 긴급회의에서 소련 공군이 참전하지 않는다는 소식을 듣고 크게 화를 냈다. 왜냐하면 그는 소련의 공군 지원이 있다면 미국을 두려워할 필요가 없다고 생각했기 때문이었다. 그만큼 무기와 장비가 낙후된 중공군의 입장에서는 소련 공군의 지원이 절실했던 것이었다.

제 3 장 원산상륙작전

제 3 장 원산상륙작전

제1절 원산상륙작전의 전개과정

인천상륙작전 이후 유엔군은 9월 28일까지 38선까지 북한군을 추격하게 된다. 비록 전쟁의 주도권은 유엔군으로 넘어왔지만 유엔군은 38도선을 쉽게 돌파할 수가 없었다. 왜냐하면 유엔군의 참전 목적이 38도선을 넘어온 북한군을 몰아내는 것이었기 때문이었다. 즉 38선을 돌파하여 북진하기 위해서는 국제사회의 동의가 필요했던 것이다.

하지만 단 한번의 상륙작전으로 북한군을 와해시킨 미국정부는 북진 쪽으로 의견을 모으고 국제사회의 의견을 조율하기 시작했다. 그 결과 '9 · 27 훈령'을 통해 맥아더 장군의 북진을 허가하고, 유엔 총회에 북진문제를 상정하여 10월 27일에 국제사회의 결의를 받아냄으로써 북진이 공식화되었다.

9월 27일, 합참으로부터 북한지역에서의 작전승인을 받은 맥아더 장군은 10월 2일에 북진작전계획을 수립하여 예하부대에 하달하는데, 그 내용은 다음과 같다.[1)]

① 미 8군은 38선을 돌파, 개성—사리원—평양축선으로 진격한다.

② 미 10군단은 원산에 상륙해 미 8군과 연결 및 동부지역 작전을 담당한다.

③ 정주—영원—함흥선 이북지역 작전은 국군에게 일임한다.

하지만 예하 지휘관과 참모들은 "원산상륙작전은 인천에서 기습을 허용한 북한군이 대규모 기뢰를 설치할 가능성이 높다. 그리고 전선으로부터 작전거리가 비교적 짧기 때문에 지상군보다 늦게 상륙할 가능성이 있다. 또한 상륙병력 수송으로 인해 미 8군의 보급추진에 지장을 줄 우려가 많다"[2]라는 문제점을 지적하면서 원산상륙작전을 반대했다. 하지만 인천상륙작전으로 이미 신격화된 맥아더의 결정을 바꿀 수는 없었다.[3]

결국 10월 1일에 준비명령이 하달되고, 미 해병1사단은 인천에서, 미 7사단은 부산으로 이동하여 승선하기 시작했다. 이들이 승선을 완료한 시간은 10월 17일이었다. 하지만 따라 공격하던 국군 1군단이 10월 11일에 원산을 점령해버림으로써 원산상륙작전은 결국 행정적인 상륙작전으로 전환되었다.

원산상륙작전의 문제점들이 모두 현실화된 것이다. 설상가상으로 북한군이 가설해 놓은 기뢰로 인해 미 해병1사단은 1주일이나

---

1) 합동참모본부, 『한국전사』(서울: 합참, 1984), pp. 448-450(참조 재인용).

2) 육군본부 군사연구실, 앞의 책, p. 215.

3) 맥아더 장군은 동서로 양분된 지형적 여건과 보급지원에 관한 문제, 지휘통제의 문제 등으로 인하여 북진작전간 적 주력을 차단 및 포위·섬멸하여 작전을 조기에 종결시키기 위해서는 유엔군이 적 정면에 걸쳐 병진하는 것보다 일부 타격부대를 적 배후의 결정적인 지점에 상륙시켜, 중동부산악을 타고 도주하는 적의 퇴로를 차단하는 인천상륙작전의 재판이 최선의 방책이라 생각했다(역자 주).

원산 앞바다에서 대기 중인 미 10군단(전쟁기념관 자료)

원산 앞바다에서 대기해야 했고, 미 7사단은 승선한 채로 부산항에서 대기해야만 했다. 이들은 10월 26일에야 원산에 상륙할 수 있었는데, 이날 국군 6사단 7연대는 이미 압록강 초산에 도달한 상태였다.

무려 1달 동안이나 1개 군단이 바다 위에서 허송세월을 보낸 것이다. 이는 유엔군이 38선 일대에서 10일간 지체한 결과였다. 북한군은 유엔군이 지체하는 사이 원산항에 3,000여 기의 기뢰를 설치했기 때문에 미 10군단은 한 달 동안 유휴전투력이 되어버린 것이다.[4] 이것은 분명히 맥아더 장군의 실책이었고, 앞으로 전개될 중공군과의 초기 전투에서 유엔군 지상병력의 전투력을 저하시키는 문제점으로 작용했다.[5]

4) 육군본부 군사연구실, 앞의 책, p. 209.

5) 조상근, 앞의 책, p. 321.

제2절 원산상륙작전의 작용과 반작용

원산상륙작전은 유엔군의 북진작전에 치명적인 문제들을 발생시켰다. 우선 미 8군과 미 10군단 사이에 간격이 발생했다. 왜냐하면 원산상륙작전의 실패로 인해 상륙부대인 미 10군단이 북한 지도부와 주력부대를 섬멸하기 위한 미 8군의 연결작전이 무효화되어, 맥아더 장군이 “양개 부대는 한·만 국경선을 향해 신속히 진격하라!”고 지시했기 때문이었다. 그 결과 양개 부대 사이에는 약 100~150km의 간격(낭림산맥과 개마고원)이 형성되었다.

트루먼 정부와 맥아더 장군은 중공군과 소련군은 이미 6·25전쟁에 개입할 시기를 놓쳤다고 판단했기 때문에 북진을 허가했지만 중공군은 순망치한(脣亡齒寒)의 전략에 따라 6·25전쟁에 참전했다. 그러나 중공군은 공군이나 해군이 편제되지 않은 재래식 군대였다. 따라서 강력한 공군과 해군을 가지고 있는 유엔군과의 전면전은 무리였다.

이에 중공군은 한반도 북부의 지형을 이용하여 그들의 전통적 전술인 운동전을 펼치기로 결정했다. 이들의 운동전은 대담한 우회기동이나 포위로 적의 후방을 차단하여 적을 포위·섬멸하는 대담한 기동이 특징이었다. 미 8군과 미 10군단 사이에 형성된 간격은 중공군이 운동전을 구사하기에는 아주 매력적인 장소였다. 왜냐하면 유엔군은 이미 승리에 도취되어 중공군이 참전했다는 사실을 알지 못한 채, 인접부대와의 아무런 협조 없이 한·만 국경을 향해 무한질주를 하고 있었기 때문이었다.

중공군은 미 8군과 미 10군단 사이에 형성된 간격을 이용하여 유엔군의 후방으로 기동할 수 있었고, 실제로 중공군의 1, 2차 공세에서 중공군은 이 간격을 활용하여 국군 3군단과 미 10군단의 후방을 차단하고 막대한 피해를 입혔다. 즉 중공군이 참전하면서 미 8군과 미 10군단 사이에 형성된 간격은 유엔군의 운명을 결정짓는 중심으로 바뀐 것이다.

다음으로는 원산상륙작전으로 인해 미 8군이 보급체계가 마비되었다. 맥아더 장군의 북진 명령 이후에 유엔군의 지상부대는 한·만 국경선을 향해 무한질주를 시작했다. 하지만 모든 수송선이 원산상륙작전에 동원되면서 미 8군에 심각한 보급난이 발생하였다. 왜냐하면 지상 병참선은 이미 유엔군의 군수지원차단사격으로 인해 파괴되어 철도 및 일반 도로를 이용한 전투근무지원에 많은 제한사항이 따랐기 때문이다. 더욱이 미 8군이 북진을 하면서 기동부대와 전투지원부대 간의 거리는 더욱더 이격되었기 때문에 보급두절 현상까지 발생했다.[6]

설상가상으로 해상수송에도 문제가 발생했다. 대부분의 수송선들은 원산상륙작전에 투입되었기 때문이다. 그리고 미 8군이 평양을 점령하고 다시 북진을 전개했을 때, 진남포에 설치된 기뢰를 제거하지 못해 미 8군에 대한 보급은 더욱 어려워졌다. 왜냐하면 기뢰 소해정 또한 원산항의 기뢰를 제거하기 위해 모두 원산으로 동원되었기 때문이었다. 그 결과 진남포를 보급항으로 이용할 수 없게 되었고, 결국 인천에 새로 설치된 제3군수지원 사령부에서 기차와 트럭으로 전방까지 보급품을 지원해야만 했다.[7]

이로 인해 한·만 국경을 향하던 미 8군의 기동과 화력은 점차

---

6) 육군본부, 『한국전쟁과 전투근무지원』(대전: 육군본부, 1994), p. 263. 당시 미 8군 군수부장인 스티븐슨 대령은 "군의 보급소요를 방어 시에는 1일 3천 톤, 공격 시에는 1일 4천 톤의 보급품이 필요하다고 판단했다. 그러나 11월 초의 상황에서는 수송이 불가능한 양이었다. 보급품의 양륙항구인 부산으로부터 철도수송이 가능한 곳은 미 8군의 전선에서 남쪽으로 300km 이상 떨어진 임진강변까지였고, 여기서부터는 차량을 이용해서 보급수송을 해야만 했다"라고 말했다. 원산상륙작전으로 인해 11월 초까지도 미 8군의 보급지원에 많은 문제점들이 발생했다는 것이다.

7) 조상근, 앞의 책, p. 324.

기뢰를 제거하고 있는 일본 해상보안청 소해대(전쟁기념관 자료)[8)]

해상기뢰 폭발 장면(전쟁기념관 자료)

저하되었다. 이는 한반도 북부의 지역에서 매복하고 있던 중공군에게는 아주 고무적인 현상이었다. 왜냐하면 기동과 화력에 의존하는 미군의 전투력이 저하되었기 때문이었다. 중공군들도 낙동강 방어선에서 북한군이 작전한계점에 도달할 때까지 유엔군이 소모전을 전개한 것처럼, 유엔군이 보급지원이 어려운 북부의 산악지역으로

8) 일본은 6・25전쟁 시 전투지원부대를 파견했다. 일본은 해상보안청의 소해대를 비밀리에 파견하여 북한해역의 기뢰를 제거했다. 위 사진은 미 10군단의 원산 상륙 때 일본 소해대가 동원되어 기뢰제거작업을 하는 모습이다.

깊숙이 들어오기만을 기다렸다. 중공군은 상호지원이 불가능한 산악지역으로 유엔군이 진입하자 일제히 반격으로 전환했다. 그 결과 전투력이 저하된 유엔군은 중공군의 파상공세에 엄청난 피해를 입고 청청강변으로, 다시 38선 일대로 후퇴할 수밖에 없었다.

하지만 원산상륙작전의 성과는 앞에서 지적한 바와는 달리 당시 유엔군에게 유리하게 작용하기도 했었다. 그것은 바로 북한군과 중공군에게 유엔군은 한반도 어느 곳에서나 상륙작전을 감행할 수 있다는 사실을 각인시킨 것이었다. 당시 북한군과 중공군의 편성은 대부분 순수 지상군으로 편성되어 있었으나 유엔군은 강력한 공군력과 해군력을 보유하고 있어 언제든지 이들의 후방을 타격할 수 있었다. 그 결과 북한군과 중공군은 시종일관 언제, 어디서, 어떻게 실시될지 모르는 유엔군의 상륙작전에 촉각을 곤두세울 수밖에 없었던 것이다.

한마디로 유엔군이 보유한 비대칭전력인 강력한 공군력과 해군력은 상륙작전이라는 불확실성을 증폭시켜 북한군과 중공군이 작전을 계획, 준비, 실시하는 전 과정에 영향을 미쳤는데, 작전계획 및 지휘간에는 우유부단함을 유발시켰고, 작전실시간에는 행동의 자유를 제한시켰다.

이처럼 원산상륙작전은 유엔군의 협조된 작전과 보급지원에 많은 문제를 야기시키는 부정적인 측면(반작용)도 있었지만 북한군과 중공군에게 불확실성을 증폭시켜 이들의 작전지휘와 행동의 자유를 제한하는 긍정적인 측면(작용)도 있었다.

제 4 장 인천상륙작전이 중공군에 미친 영향

제 4 장 인천상륙작전이 중공군에 미친 영향

제1절 중공군의 1차 공세

1. 미 8군의 북진

38선을 일거에 돌파한 유엔군의 공격기세는 단숨에 한·만 국경선까지 미칠 것만 같았다. 하지만 유엔군 앞에는 지형이라는 의외의 변수가 자리 잡고 있었다. 북한의 지형을 분석해 보면, 약 100km 너비의 낭림산맥과 개마고원이 북한 지역을 동·서로 양분하고 있었고, 그 영향으로 동·서를 왕래할 수 있는 도로는 평양과 원산을 잇는 평원선이 거의 유일했다. 또한 청천강 이북의 서쪽 지역은 묘향산맥과 낭림산맥에서 뻗어 나온 여러 능선의 영향으로 평지를 거의 찾아볼 수 없었고, 그 결과 도로망은 산맥과 산맥 사이, 능선과 능선 사이에 제한적으로 발달될 수밖에 없었다.

동쪽 지역은 서쪽 지역보다 더 험난했다. 동쪽 지역은 개마고원이 넓게 발달되어 있어 거의 1,000m 이상의 고지 군이 즐비했으며 도로는 지프차가 통행할 수 있을 정도의 우마차 길이 극히 제한적으로 발달되어 있었다.

이런 북한지형의 특징은 유엔군의 북진에 큰 영향을 미쳤다. 유엔군의 예하부대들은 제한된 도로를 따라 대대 또는 연대 단위로 한・만 국경선을 향해 진출했다. 이들이 북쪽으로 갈수록 산맥과 능선의 영향으로 부대 간 무전통신이나 접촉은 점점 더 어려워졌다.

하지만 미 8군의 예하부대들은 인접부대의 위치나 후방에서 기동하는 포병의 위치를 확인하지 않은 채 북쪽으로 자동차 경주를 하듯이 돌진했다. 이는 곧바로 누가 한・만 국경에 먼저 도달하느냐의 경쟁의식으로 전환되어 자신들의 측방에 형성된 간격을 무시하는 전술적 과오를 범하게 했다. 무엇보다도 추수감사절 이전까지 전쟁을 종료하고 유엔군을 본국으로 복귀시키겠다는 맥아더 장군의 발언은 유엔군의 비(非)전술적 북진에 결정적인 영향을 끼쳤다.

이런 분위기를 유지한 채 미 8군은 서・중부 전선에서 1950년

북진 중 찾아낸 김일성과 스탈린의 초상화를 들고 환호하는 유엔군(전쟁기념관 자료)

북진하는 국군 3사단 병사들을 환영하는 마을 주민들(전쟁기념관 자료)

10월 25일 부로, 미 1군단을 좌측, 국군 2군단을 우측으로 하여 압록강을 목표로 병행공격시켰다. 미 1군단은 미 24사단, 미 1기병사단, 영 27여단, 국군 1사단, 국군 7사단으로 편성되어 있었는데, 이들의 임무는 다음과 같았다.

> 영 27여단을 배속받은 미 24사단은 경의선을 따라 청수 이서 지역에서 국경으로 진출하고, 국군 1사단은 창성, 삭주 부근의 수풍댐으로 진출한다. 또한 미 1기병사단은 평양 지역을 방어하고, 국군 7사단은 군단의 예비로서 군우리를 거쳐 용산동에 집결한다. 국군 7사단은 의명 미 24사단을 초월하여 신의주를 향해 진격한다.[1)]

또한 국군 2군단은 6사단과 8사단으로 편성되어 있었는데, 이들은 미 1군단과 낭림산맥 사이에서 북진을 실시하는 것이었고, 그 임무는 다음과 같았다.

---

1) 日本陸戰史普及會, 『韓國戰爭: 中共軍の 攻勢』(東京: 日本陸戰史普及會, 1986); 『한국전쟁: 중공군의 공세』, 이완복 역(서울: 명성출판사, 1991), p. 22 (참조 재인용).

> 6사단은 19연대로 하여금 희천을 확보하여 국군 8사단을 엄호하고, 7연대를 초산으로, 2연대를 벽동부근으로 진출시킨다. 8사단은 신속하게 희천을 향해서 북진하여 강계—만포진 지역을 공격한다.[2]

북진 과정에서 1사단 15연대와 6사단 2연대는 중공군의 강력한 저항에 부딪쳤다. 하지만 맥아더 장군은 "대규모 중공군의 개입은 있을 수 없다. 만약 중공군이 개입했다 할지라도 수풍발전소를 방호하기 위한 수천 명 정도이거나 수만 명 이하일 것이다"[3]라고 판단했다. 따라서 미 8군 예하부대들의 간격은 더욱더 벌어질 수밖에 없었다.

그 결과 10월 26일에 이르러서는 6사단 7연대가 이미 초산에 당도하여 사단 본대로부터 약 80km 정도 추진되어 있었으며, 10월 30일에는 미 1군단 예하 영국군 27여단과 미 24사단이 약 40km 정도 이격되어 있었다. 문제는 이것 뿐만이 아니었다. 예비부대 또한 지형적 영향과 종전의 기대감으로 적시에 전방 부대를 후속하지 못하고 있었다. 즉 미 8군은 북한이라는 작전지역에 너무 넓게, 그리고 너무 깊게 흩어져 있어서, 전투력의 집중이라는 전쟁의 기본원칙조차도 지킬 수 없는 상황에 처하게 되었다.

2. 중공군의 1차 공세

모택동은 7월 말부터 13병단을 한・만 국경선 일대에 배치했는데, 이는 적대 국가와는 국경을 같이하지 않는다는 중국의 전통적

---

2) 앞의 책, p. 23(참조 재인용).
3) 육군본부 군사연구실, 앞의 책, p. 245.

인 군사사상에 기초한 것이었다. 사실 7월 말, 중국은 6 · 25전쟁에 대한 어떠한 정책도 수립하지 않은 단계였다. 하지만 유엔군이 인천상륙작전을 성공한 후, 유엔군이 파죽지세로 한 · 만 국경을 향해 진격하자 중국 지휘부에서는 발 빠른 행보를 보이게 된다.

중국 지휘부는 10월 8일 동북변방군을 인민지원군으로 개칭하고, 6 · 25전쟁에 참전을 결정하였다. 무엇보다도 스탈린이 공군지원을 약속했기 때문에 국 · 내외의 산적한 정치, 경제적 문제를 뒤로한 채 6 · 25전쟁에 참전을 결정한 것이었다. 당시 중공 지도부의 6 · 25전쟁 참전 논리는 다음과 같았다.

> 첫째, 정치국 동지와 상의한 결과 모두가 아군이 조선에 출병하는 것이 유리하다는 결정을 했다. 제1시기에 괴뢰군을 완전히 타도하고 원산 · 평양선 이북, 광대한 조선의 근거지를 타개할 수 있으며, 조선인민을 떨쳐 일어나게 할 수 있다. 제1시기에 괴뢰군 몇 개 사단을 섬멸해야지만 전세가 우리에게 유리하게 될 것이다. 두 번째, 우리가 상술한 적극적인 정책을 취하면 중국 · 조선 · 동방과 세계에 모두 매우 유리할 것이다. 우리가 출병하지 않고 적이 압록 강변까지 압박하면 국내외 반동세력의 기세가 증가되어 각 방면에서 모두 불리해질 것이다. 전세는 무엇보다도 동북에 불리하게 작용하여 전체 동북변방군을 전선에 끌어들이게 될 것이며, 남만주의 전력은 그들에게 통제될 것이다. 결국 우리는 마땅히 그리고 반드시 참전해야 한다. 참전의 이익은 크며 참전하지 않는 손해는 더욱 크다.4)

하지만 6 · 25전쟁에 참전하기까지는 우여곡절이 많았다. 이는 모택동이 10월 12일, 팽덕회에게 참전을 잠시 유보하고 현 위치에

4) 이완범, 『한국전쟁 국제적 조망』(서울: 백산서당, 2000). pp. 143-144(참조 재인용).

출전을 준비하는 동북변방군

압록강을 건너 진격하는 중공군(전쟁기념관 자료)

서 계속해서 대기하라는 명령에서 알아볼 수 있다. 애초에 중공군은 육군을 지원하고, 소련군은 공군을 지원하기로 약속되어 있었으나 스탈린은 3차 세계대전을 우려하여 소련의 공군지원을 유보시켰다. 모택동은 화력이 강한 미군을 상대로 중공군 단독(지상군)으로 전투하는 것은 거의 불가능하다고 생각했기 때문에 참전을 지연시킨 것이다. 그러나 스탈린이 공군 대신에 보병 100개 사단을 무장시킬 수 있는 56억 루블의 차관을 제공하고, 중국 연안의 대공방어를 책임져 주기로 약속함에 따라 중공군은 10월 19일 한・만 국경을 넘게 된다.

미 8군을 기습공격하기 위해 대기 중인 중공군

중공군이 국경선을 넘자마자 전황은 중공군의 예상과는 달리 급변하기 시작했다. 중공군의 최초 계획은 청천강 일대에서 방어진지를 구축하여 철수하는 북한군을 엄호하고, 유엔군의 북진을 최대한 저지한 후 반격하는 것이었다. 그러나 유엔군의 진격속도가 너무나 빨랐다. 결국 중공군은 최초 계획을 수정하고 중요지역에 매복하여 공격중인 유엔군을 기습하는 것으로 작전방침을 변경하게 된다. 이에 팽덕회는 최대한 많은 수의 유엔군을 섬멸하는 것을 작전목적으로 삼고, 비교적 화력이 약한 국군 지역을 돌파하여 유엔군의 후방을 차단한 후, 정면과 후방에서 유엔군을 각개 격파하는 운동전을 계획한다.

중공군은 유엔군을 최대한 깊숙이 끌어들여 유엔군이 상호 지원이나 증원을 불가능하게 만들고, 10월 25일부터 공격을 시작했다. 당시 중공군 예하부대의 임무는 다음과 같다.

① 40군은 온정 북쪽과 북진 서쪽에 집결하여 국군 6사단을 포위 섬멸하고,

〈요도 4-1〉 중공군 1차 공세계획

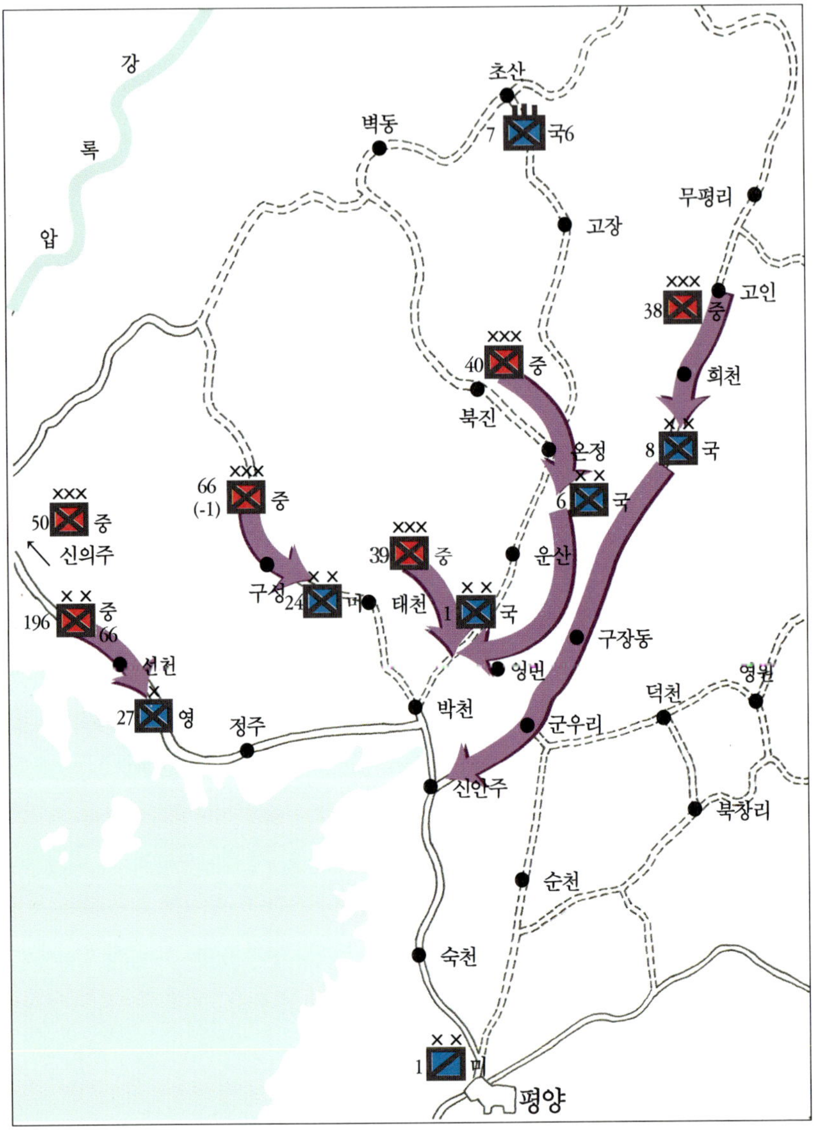

고지를 점령하는 중공군

② 39군은 운산 서북에서 대기하다가 국군 1사단을 공격하며,

③ 38군(42군의 125사단 배속)은 희천으로 진출하여 국군 8사단을 공격하고,

④ 66군은 압록강을 도하해서 철산방향으로 진출, 예비 및 대(對)상륙작전 임무를 수행한다.[5)]

중공군 예하부대들은 각자의 임무에 따라 매복지점을 점령하고, 10월 25일 오후 7시경, 40군 120사단이 국군 1사단 선두부대와 운산에서 치열한 전투를 전개하면서 중공군의 1차 공세는 막이 오르게 된다. 이후 40군은 나머지 2개 사단으로 하여금 온정에 진출해 있는 6사단 2연대를 공격하여 축출하였다. 설상가상으로 국군 6사단을 증원하기 위해 투입된 국군 1사단이 운산에서 중공군에게

5) 軍事科學院, 『中國人民志願軍 韓國戰爭史』(北京: 軍事科學院軍事歷史研究部, 1987); 『중공군의 한국전쟁사(2권)』, 박동구 역(서울: 국방부 군사편찬연구소, 2005), pp. 24-25(참조 재인용). 1차 공세에 총 5개 군이 참가했는데, 위에 언급되지 않은 42(-1)군은 소백산과 장진일대에 배치되어 미 8군으로 증원되는 미 10군단의 측방유입을 차단하고 있었다.

저지당함으로써 국군 6사단의 손실은 더욱더 커졌다.

이에 국군 2군단은 대규모의 중공군이 투입되었다는 사실을 즉시 미 8군과 유엔군 사령부에 보고했지만 이들은 국군이 자신들의 실패를 변명하기 위해 중공군의 규모를 과장하여 보고한 것으로 판단해 버렸다. 즉 미 8군은 중공군의 참전사실을 아직도 감지하지 못하고 있었던 것이었다.[6]

최초 전투가 끝나고도 미 8군의 뚜렷한 움직임이 없자 팽덕회는 즉시 작전방침을 변경하여 예하부대에 하달한다. 변경된 작전방침의 주요 골자는 측·후방으로의 우회기동과 정면에서의 맹렬한 압박을 배합하여 최대한 많은 수의 유엔군을 격멸한다는 것이었다. 그 세부내용은 다음과 같다.

① 50군은 신의주 방면으로 진출하는 영 27여단을 저지하고, 66군은 구성으로 진출하는 미 24사단을 섬멸한다.

② 39군은 운산지역에서 미 1기병사단과 국군 1사단에 대한 포위를 계속하되, 상황에 따라 공격하여 섬멸한다.

③ 40군은 구두령으로부터 용산동 남쪽으로 진출하여 운산의 미 1기병사단과 국군 1사단의 퇴로를 차단한다.

④ 38군은 구장에서 안주 방향으로 청천강을 따라 우회기동하여 미 8군 전체의 퇴로를 차단한다.[7]

이는 4개 군을 정면 압박 부대로 운용하고, 1개 군을 우회기동 부대(38군)로 운용하여 적의 유생역량[8]을 섬멸하겠다는 팽덕회의 대

---

6) 앞의 책, p. 30.
7) 앞의 책, p. 31(참조 재인용).

〈요도 4-2〉 중공군 1차 공세결과

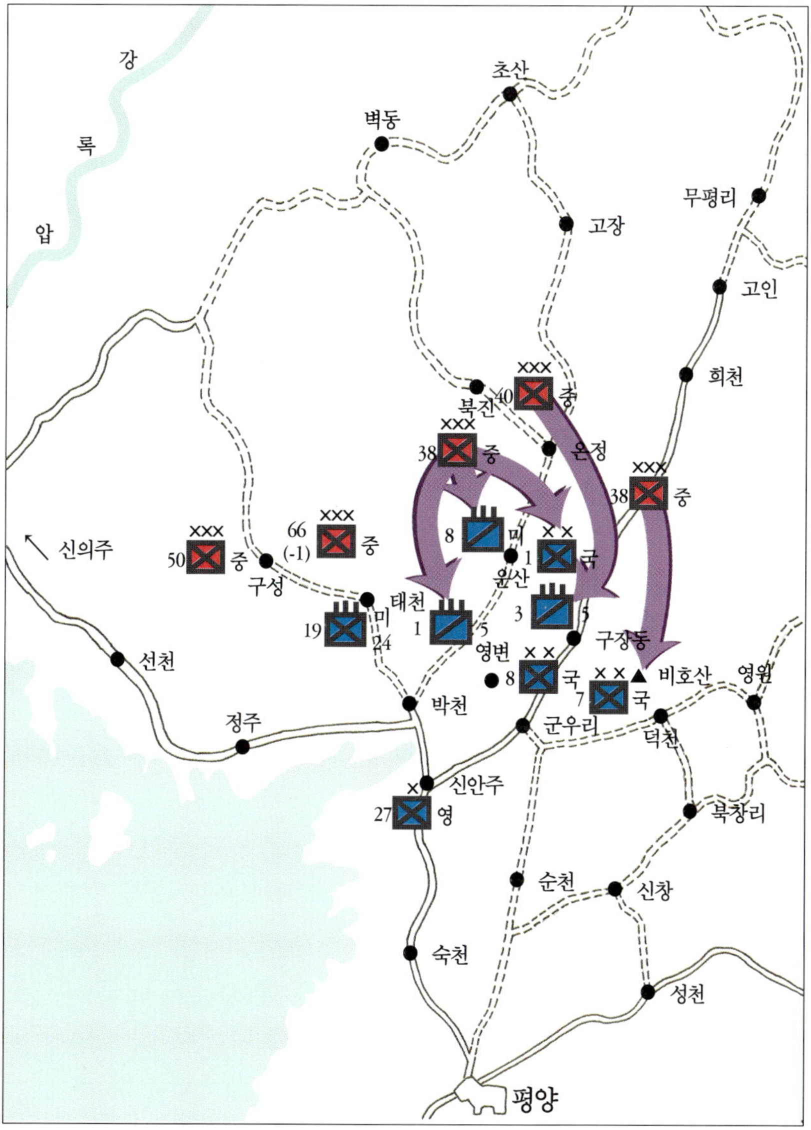

---

8) 유생역량(有生力量): 전투력을 의미함.

담한 작전이었다. 하지만 팽덕회의 구상도 예기치 못한 변수로 인해 성과를 100% 달성하지 못하게 된다. 우선 국군 1사단이 운산에서 중공군 40군의 파상공세를 막아내어, 미 1기병사단의 퇴로를 차단하려던 중공군 40군의 공격을 저지하고 미 1기병사단의 철수를 엄호했다. 또한 국군 7사단이 청천강 계곡의 입구에 위치하여 군우리−순천 간 도로를 감제(監制)할 수 있는 비호산을 끝까지 확보함으로써 청천강을 따라 안주로 기동하여 미 8군 전체의 퇴로를 차단하려던 중공군 38군의 의도를 좌절시켰다.

이처럼 국군 1사단의 운산 전투와 국군 7사단의 비호산 전투로 인해 최대한 많은 수의 유엔군을 섬멸한다는 중공군의 작전목적은 충분히 달성되지 못했고, 그들의 1차 공세는 11월 8일 부로 종료되었다.

3. 중공군의 1차 공세 분석

팽덕회는 1차 공세가 끝난 후에 "전역계획에 있어서, 만약 66군을 서북부(대관동)에 놓아두지 않았다면 미 24사단으로 하여금 보다 깊숙이 들어오도록 만들었을 것이며 적이 후퇴할 때에 보다 큰 타격을 가할 수 있었을 것이다. 또 66군 주력부대를 구성 동북지역에 놓고 내선에 배치했다면 적군이 도주 시에 차단하기 좋았을 것이다"[9]라고 아쉬움을 토로했다.

여기서 '내선에 배치했다면'이라는 문구에 주목해 볼 필요가 있다. 작전술 차원에서 결정적 전투가 실시되는 방향에 보다 많은 전

9) 軍事科學院, 『中國人民志願軍 抗美援朝戰史』(北京: 軍事科學院軍事歷史研究部, 1987); 『중공군의 한국전쟁사: 抗美援朝戰史』, 한국전략문제연구소 역(서울: 세경사, 1991), p. 21(참조 재인용).

투력을 할당하는 것이 상례인데, 중공군의 1차 공세는 그렇지 못했다.[10] 42군의 주력은 미 10군단의 증원을 저지하기 위해 소백산맥과 장진호 일대에 배치되어 있었고, 50군은 영 27여단을 저지하기 위해 신의주 방면에 위치하고 있었으며, 66군은 미 24사단을 저지·격멸하기 위해 구성 일대에 위치하고 있었다.

팽덕회의 작전목적인 최대한 많은 수의 유엔군을 섬멸하기 위해서는 영 27여단과 미 24사단을 견제하는 부대를 2개 군이 아닌 1개 군으로 편성하고, 나머지 1개 군은 예비로 편성하여 운산과 비호산에 투입했어야만 했다. 왜냐하면 팽덕회의 작전목적은 분명히 최대한 많은 수의 유엔군을 섬멸하는 것이었고, 결정적인 전투는 운산과 비호산 일대에서 일어났기 때문이다.

그렇다고 해서 팽덕회의 작전지도가 잘못되었다고 단정 지을 수는 없다. 왜냐하면 전쟁이라는 것은 언제나 불확실성이 존재하고, 발생할 가능성이 1%라도 있으면 대비를 해야 하기 때문이다. 이 1%의 가능성 때문에 중공군은 1차 공세 시 전투력을 집중할 수 없었는데, 그 이유는 다음과 같다.

첫 번째로 1차 공세 시 중공군은 미 10군의 증원이나 측방공격에 대비해야 했다. 당시 유엔군의 작전계획은 미 10군의 미 해병1사단으로 하여금 미 8군과 접촉하게 하여 한·만 국경으로 철수하는 북한군의 퇴로를 절단하는 것이었다.[11] 이로 인해 팽덕회는 42

10) 라주바예프, 『6·25전쟁 보고서』(서울: 군사편찬연구소, 2001), pp. 215-216. 소련고문관들은 중공군이 병력과 장비를 효과적으로 활용하지 못했으며 유엔군의 취약부를 공격하는 데 성공하지 못했다고 평가했다. 특히 그들은 13병단이 2제대가 편성되지 않아 전과를 확대하지 못했고 가장 중요한 순간에 공격을 중단했다고 비판했다.

11) Martin Russ, 『*Break Out: The Chosin Reservoir Campaign, Korea 1950*』(New York: Penguin Books, 2000); 『브레이크아웃: 1950 겨울, 장진호 전투』, 임상균 역(서울: 나남출판사, 2004), p. 31.

군의 2개 사단을 장진호 일대에 배치할 수밖에 없었다.

두 번째로 중공군은 유엔군의 상륙작전에 대비해야만 했다. 위에서 제시한 중공군의 최초 명령에서도 66군에 대(對)상륙작전 임무를 부여하고 있다. 원래 66군은 동북변방군 소속이 아니었으나 팽덕회의 요청으로 10월 24일에 참전한 부대였다. 당시 39군이 국군의 주력을 섬멸하기 위해 내륙으로 진출했기 때문에 중공군의 우측(서해안 지역) 지역은 방호대책이 필요했다. 이에 13병단 사령부는 신의주, 정주 간에서 유엔군 상륙에 대비할 1개 군을 안동 지역에 배치해 줄 것을 중앙군사위원회에 건의하였고, 본토로부터 파견된 부대가 바로 66군이었다.[12] 또한 66군이 미 24사단의 북진을 저지하기 위해 구성 일대로 진출하자, 팽덕회는 중앙군사위원회에 1개 군의 추가 파병을 건의하여 50군을 증원받아 그 주력을 안동, 신의주 방면으로 보내 후방안전을 꾀하였다.[13]

팽덕회가 유엔군의 상륙작전에 대해 주의를 기울인 흔적을 여러 곳에서 찾아볼 수 있다. 모택동은 팽덕회에게 보낸 전문에서 "적군은 현재 진남포에서 신의주에 이르는 해안으로 상륙하는 새로운 작전을 준비 중에 있으며, 이를 통해 평양에서 신의주에 이르는 교통로를 단절할 계획이다. 그러나 이 교통로는 반드시 보호되어야 한다. 팽덕회 동지와 조선 동지는 이 교통로를 보호할 방법을 연구하길 바라며, 만약 적군이 상륙한다면 반드시 적군을 섬멸하도록 하라"[14]고 지시하고 있다.

〈요도 4-3〉과 작전전보 내용들을 분석해 보면, 66군은 최초 신

---

12) 洪學智, 『抗美援朝戰爭回憶』 再版(北京: 解放軍 文藝出版社, 1991); 『중국이 본 한국전쟁: 인해전술의 전쟁기록』, 홍인표 역(서울: 고려원, 1992), p. 21.

13) 앞의 책, p. 76.

14) 행정자치부 정부기록보존소, 『한국전쟁관련 중국자료선집: 한국전쟁과 중국 II』, 2002, p. 15(참조 재인용).

〈요도 4-3〉 1차 공세 당시 중공군 50군의 위치[15)]

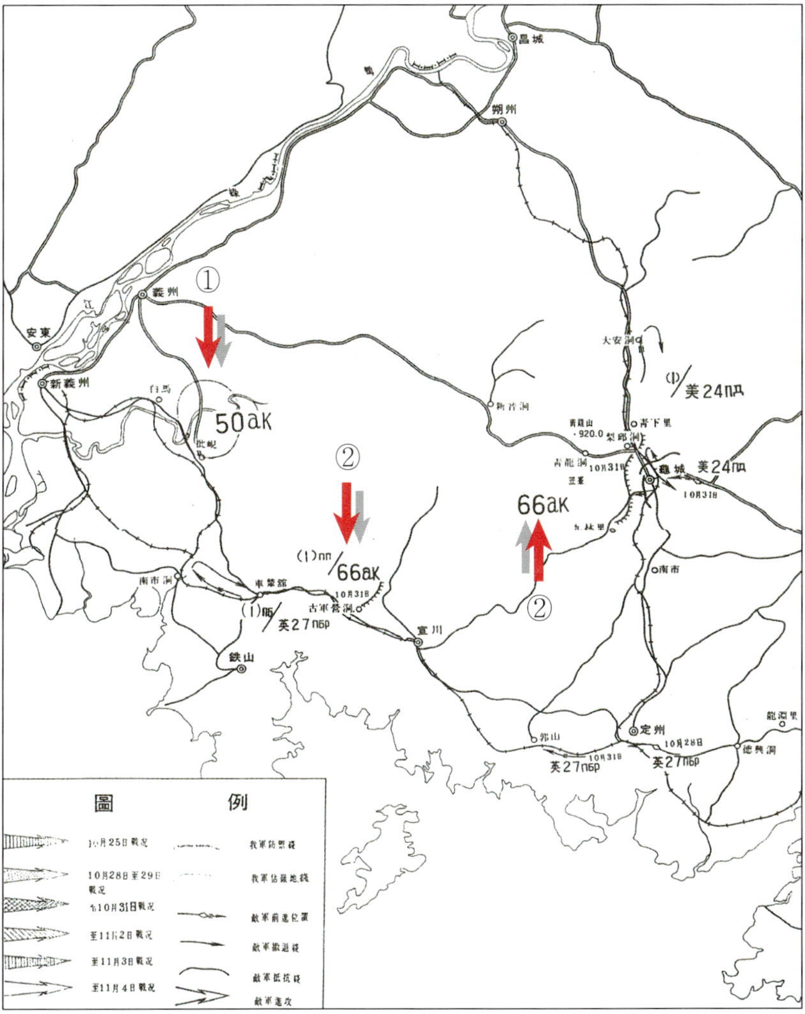

※ 출처: 中国人民志願軍抗美援朝戰争經驗的总結編写委員會, 『抗美援朝戰争的經驗总结』(1956年 10月), 第1次战役(1950年 10月 25日至 11月 5日) 作战附圖2[16)]

---

15) 요도에서처럼 중공군 66군이 미 24사단과 영국군 27여단의 진출을 저지하기 위해 이동하자 중공군 50군은 비현(批峴)에 위치하여 유엔군의 상륙작전에 대비하고 있다.

16) 이 자료는 6·25전쟁 당시 중공군의 실제 기동계획을 담은 1차 사료이다.

〈표 4-1〉 중공군 1차 공세 분석

1단계	2단계	3단계	4단계
작전목표 선정	작전수행 방법	전투력 운용	작전결과
국군 → 전방(국군 2군단)	〈유인작전〉 방법: 부대 간 간격이 벌어지도록 북한 북부 산간지역으로 유엔군 유인 목적: 유엔군의 병참선을 신장시켜 화력을 약화시키고, 부대 간 상호지원을 차단	50 · 66군(상륙방어/견제) 39 · 40군(정면압박)	국군 1사단에 의해 저지(운산 전투)
미 8군 철수로 → 후방(신안주)	〈대담한 후방 우회기동〉 방법: 유엔군 부대 사이에 형성된 간격을 이용하여 기동* 목적: 미 8군의 퇴로차단	38군(우회기동)	국군 7사단에 의해 저지(비호산 전투)

〈팽덕회의 판단〉
지형의 이점과 유엔군이 중공군의 참전사실을 인지하지 못한 점을 활용

〈1차 공세 결과〉
전투력 분산으로 인해 정면압박 및 우회부대에 예비대를 미(未)편성 → 유엔군의 철수 허용

주: 홍성태, 『한국전의 기동전 분석』(대전: 육군교육사령부, 1996), p. 65.

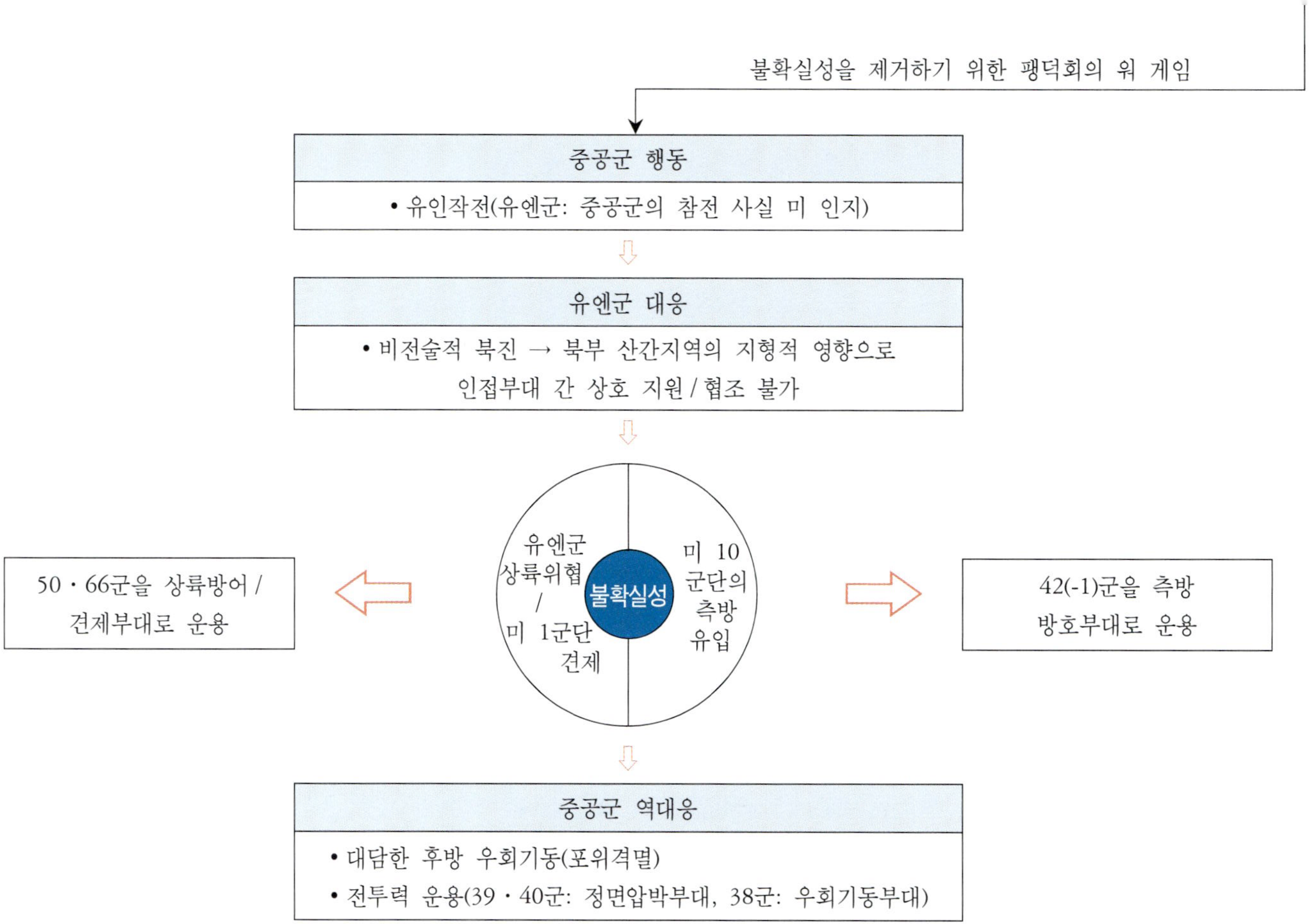
불확실성을 제거하기 위한 팽덕회의 워 게임
중공군 행동
• 유인작전(유엔군: 중공군의 참전 사실 미 인지)
유엔군 대응
• 비전술적 북진 → 북부 산간지역의 지형적 영향으로 인접부대 간 상호 지원 / 협조 불가
유엔군 상륙위협 / 미 1군단 견제
불확실성
미 10군단의 측방 유입
50 · 66군을 상륙방어 / 견제부대로 운용
42(-1)군을 측방 방호부대로 운용
중공군 역대응
• 대담한 후방 우회기동(포위격멸)
• 전투력 운용(39 · 40군: 정면압박부대, 38군: 우회기동부대)

의주 방면에서 상륙방어의 임무를 수행하다가 영 27여단과 미 24사단의 전진을 저지하는 임무(①)를 수행했음을 알 수 있고, 50군은 66군의 임무를 인수하여 신의주 일대에서 유엔군의 상륙작전을 대비(②)했음을 알 수 있다.[17)]

중공군의 1차 공세는 유엔군에게 절대적으로 불리하였다. 왜냐하면 원산상륙작전 때문에 미 8군에 대한 원활한 보급지원이 이루어지지 못해 미 8군 예하부대의 기동력과 화력은 약화되어 있었고, 대부분의 작전지역이 산악지역이라 유엔군의 공군 및 지상화력은 그 진가를 발휘할 수 없었기 때문이었다.[18)] 무엇보다도 유엔군은 중공군의 참전사실을 알지 못했기 때문에 중공군에게 완벽한 기습을 허용할 수도 있었다. 즉 중공군의 1차 공세는 유엔군의 주력을 섬멸할 수 있는 기회였던 것이다.

하지만 〈표 4-1〉에서와 같이 중공군은 정면압박부대와 우회기동부대에 예비대를 편성하지 못해 국군 2군단을 공격하여 얻은 부분적인 승리를 전과확대하지 못했다. 소련군 군사고문단이 지적한 대로 너무 많은 견제부대를 편성하여 결정적인 전투에 투입할 예비대가 부족했기 때문이었다.[19)]

즉 미 10군단의 측방 유입, 미 1군단의 견제 및 유엔군의 상륙위협에 대비하기 위해 전투력을 분산했기 때문에 중공군은 운산

---

17) 박명서, 앞의 논문, p. 124. 중공군은 제13병단 예하 50군 150사단을 신의주에서 안주방향으로 진출시켜 유엔군의 상륙작전으로부터 신의주를 방어할 수 있도록 배치했다.

18) 북한 북부지역은 대부분 산악지역이라서 유엔군의 항공정찰로는 중공군의 이동모습을 감지할 수 없었고, 유엔군의 공중 및 지상화력은 그 효과를 100% 발휘할 수 없었다. 더욱이 중공군은 야간에만 부대이동을 실시했고, 당시 유엔군 사령부에서는 중공군이 이미 참전 시기를 놓쳤다고 판단했기 때문에 중공군의 실체는 중공군의 2차 전역 전까지 드러나지 않았다.

19) 양영조, “6 · 25 전쟁 시 중국군의 지구전 전략과 군사개혁: 조중연합군사령원 팽덕회 전략을 중심으로”, 『한국근현대사연구』 33권(2005년), pp. 187-188.

전투와 비호산 전투에 투입할 예비대를 편성하지 못했고, 결국 결정적 전투에서 승리를 거두지 못하여 자신들의 작전목적을 충분히 달성할 수 없었던 것이다.

결론적으로 중공군의 1차 공세에서 중공군은 지형 및 유엔군의 부정확한 정보판단을 이용하여 유엔군의 주력을 섬멸할 수 있는 절호의 기회를 잡을 수 있었지만, 〈표 4-1〉과 같이 유엔군의 상륙위협과 측방공격이라는 불확실성에 대비하기 위해 전투력을 분산함으로써 전술적 승리를 전략적 차원으로 발전시키지 못했다.

제2절 중공군의 2차 공세

1. 미 8군의 크리스마스 공세

미 8군은 예상치 못한 중공군의 공격으로 청천강 이남으로 긴급히 철수했다. 그러나 11월 8일, 중공군이 전열을 재정비하기 위해 북쪽으로 사라지자 미 8군은 전쟁을 마무리하기 위해 북진을 다시 시작했다.

11월 24일, 전선을 시찰하던 맥아더 장군은 "유엔군이 한・만 국경선에 진출하게 되면, 늦어도 성탄절까지는 고향에 돌아가게 될 것이다"[20]라고 말함으로써 또다시 유엔군 장병들에게 종전의 환상을 가지게 했다. 이는 아직도 유엔군 사령부가 중공군의 대규모 참전을 인지하지 못했다는 명백한 증거였고, 미 8군 예하부대들을 험난한 북쪽지형으로 또다시 분산하여 질주케 하는 역할을 했다.

그 결과 미 8군은 다시 한번 한・만 국경을 향해 무한질주를 실시하게 되는데, 이때도 중공군의 1차 공세 시와 마찬가지로 수요도로 위주로 진격하여 우발상황 발생 시 인접부대 및 예비부대의 지원은 기대하기 힘들었다. 미 1군단(좌: 미 24사단, 우: 국군 1사단, 예비: 영 27여단)은 미 8군의 좌측에서, 미 9군단(좌: 미 25사단, 우: 미 2사단, 예비: 터키 1여단)은 중앙에서, 국군 2군단(좌: 7사단, 우: 8사단, 예비: 6사단)은 우측에서 진격을 실시했는데, 예상외로 적의 저항은 경미했다. 미 8군에서는 국군 2군단의 공격방향에 있는 묘향산에서 적의 강력한 진지가 있을 것이라고 판단했었는데, 적의 매복이나 기습은 없었다. 또한 미 1군단과 미 9군단의 전방에서도 적 분대 내지 소대와 교전할 뿐이었다. 심지어 일부

---

20) 육군본부 군사연구실, 앞의 책, pp. 254-255.

전선에서는 중공군들이 보급품을 내던지고, 포로를 풀어주면서 북으로 달아나기 시작했다.[21] 유엔군 사령부는 이런 적의 움직임을 "중공군의 능력이 부족하여 철수하는 것이다"[22]라고 판단했고, 예하부대는 아무런 의심 없이 북으로 진격하게 된다.

2. 중공군의 2차 공세

1차 공세 이후, 북쪽 산간지역에서 부대정비를 하고 있던 중공군은 유엔군이 아무런 의심 없이 크리스마스 공세를 실시하자 "공격하는 국군과 미군을 깊숙이 유인해 섬멸한다"는 이른바 유인격멸작전을 계획하게 된다. 이는 1차 공세와 동일한 것으로서 사전에 매복을 하고 있다가 이동하는 적의 측·후방을 타격하는 중공군의 전형적인 전술이었다.

팽덕회는 북진하는 유엔군을 25일까지 북쪽으로 유인하고 미 8군의 우측부대인 국군 2군단을 섬멸하기로 결심한다. 왜냐하면 1차 공세와 마찬가지로 국군이 미군에 비해 화력이 약하고, 전투 수준도 상대적으로 낮았기 때문이었다.

팽덕회의 작전계획은 2개 군을 투입하여 국군 2군단의 정면을 돌파한 후, 신속히 미 1군단과 미 9군단의 퇴로를 차단하여 최대한 많은 수의 유엔군을 섬멸하는 것이었다. 팽덕회의 작전구상을 순서대로 나열해 보면 다음과 같다.

---

21) 홍인표, 앞의 책, p. 112. 중공군 38군 112사단은 미 8군의 예하부대들을 북쪽 깊숙이 끌어들이기 위해 '미끼부대' 역할을 했다. 중공군의 대규모 참전을 부정하던 유엔군 사령부는 아무런 의심 없이 중공군의 유인작전에 걸려들었다.

22) 육군본부 군사연구실, 앞의 책, p. 256.

〈요도 4-4〉 중공군 2차 공세계획

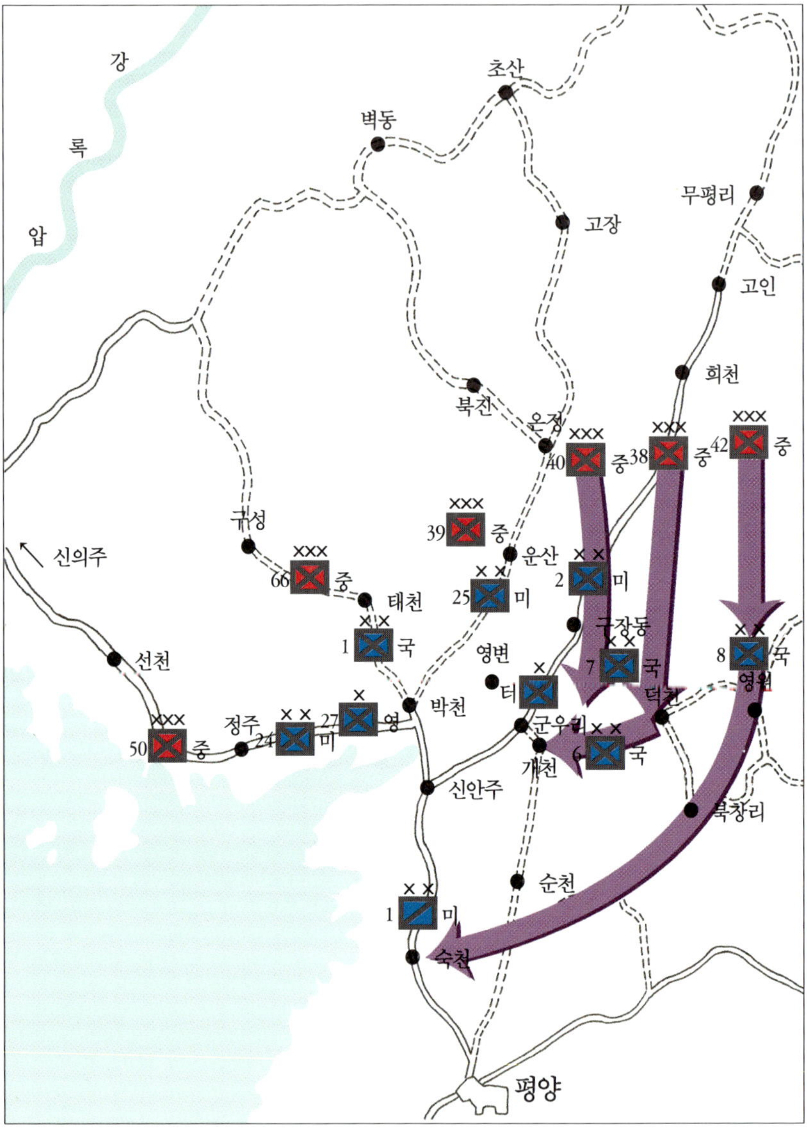

미 8군의 측방으로 우회기동하는 중공군

① 우선 38군과 42군을 투입하여 국군 7사단과 8사단은 궤멸시킨 후, 지체하지 않고 이중의 우회포위를 실시하여 미 8군의 퇴로를 이중으로 차단한다. 즉 38군은 국군 7사단을 격파한 후 군우리–안주 방향으로, 42군은 국군 8사단을 격파한 후 맹산–북창–순천–숙천 방향으로 우회기동을 실시한다.

② 동시에 우회부대의 기동 간 나머지 부대들은 미 1군단과 미 9군단의 예하부대들을 견제한다. 좌로부터 50군은 미 24사단을, 66군은 국군 1사단을, 39군은 미 25사단을, 40군은 미 2사단을 압박한다.

③ 38군과 42군의 우회기동이 성공하면 그 포위망 내에서 적을 분할포위하여 섬멸한다.[23]

11월 25일 아침, 미 8군이 덕천–영원 선에 도달하자 팽덕회는 반격을 명하게 된다. 미 8군이 중공군의 매복지점에 도착하자 중공군은 미 8군의 전후좌우에서 공격하기 시작했다. 26일에 이르러 국군 2군단은 부대 통제력을 상실했으며, 군단의 전방 사단인 7사단(좌)과 8사단(우)도 전투력이 급격히 저하되었다. 결국 국군 8사

23) 홍성태, 앞의 책, pp. 68-69(참조 재인용).

퇴로가 차단된 미군의 처참한 모습

단이 위치하고 있던 영원 지역은 26일 새벽에, 국군 7사단이 위치했던 덕천 지역은 26일 19시에 함락되고 말았다.

팽덕회는 국군 2군단의 붕괴를 인지하고, 27일부터 38군과 42군에게 우회기동을 명령하는데, 그 진출속도는 무척이나 빨랐으며, 다음 날인 28일 새벽의 진출현황은 다음과 같다.

① 42군은 맹산을 거쳐 28일 새벽 3시, 북창에 도착하였고,

② 38군의 주력은 27일 새벽, 알일령을 거쳐 28일 새벽에는 그 서쪽 와원 지역까지,

③ 특히, 38군의 113사단은 이날 아침 8시에 삼소리에 도착함으로써 군우리–순천 간의 도로를 차단하는 데 성공하였다.[24)]

이처럼 중공군의 우회 속도는 상상을 초월할 정도였고, 국군 2군단의 예비부대인 국군 6사단과 미 8군의 예비인 미 1기병사단(28일 부로 북창방향으로 이동 시작)이 그들의 공격기세를 저하시키는 데는 한계가 있었다. 그러나 다행히 미 1기병사단의 선전으로 중공

24) 박동구, 앞의 책, p. 56(참조 재인용).

〈요도 4-5〉 중공군 2차 공세결과

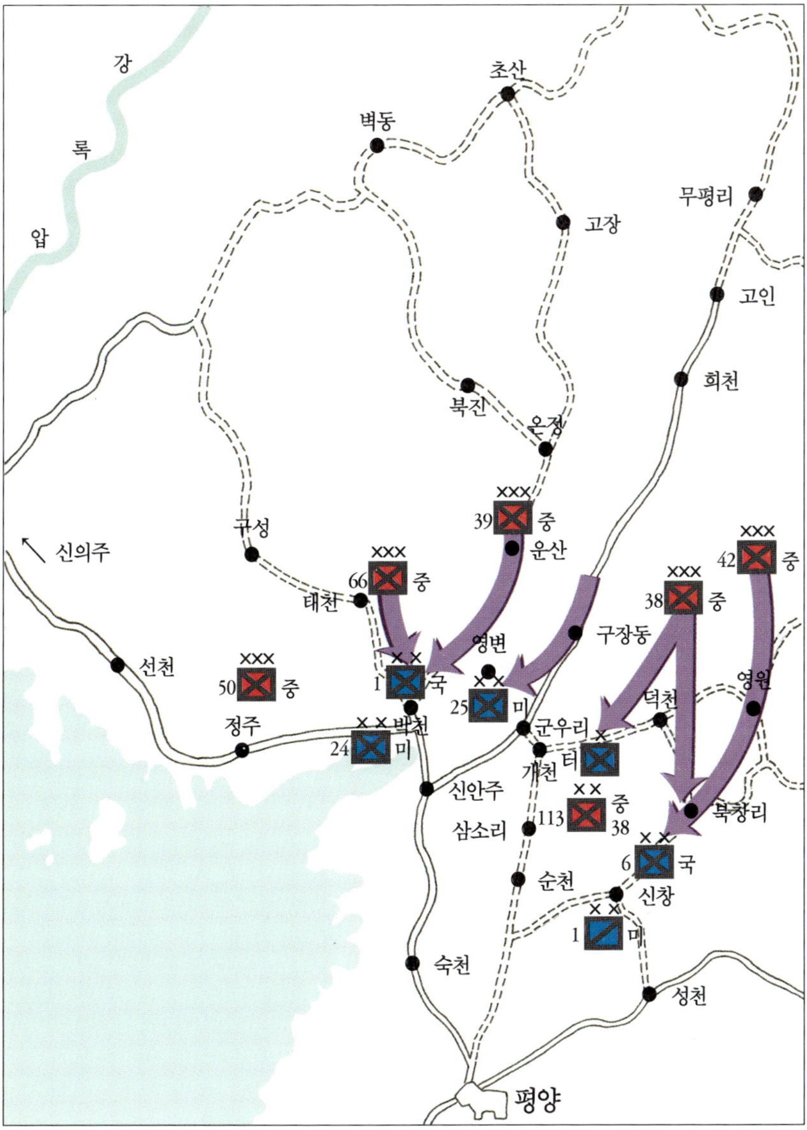

군 42군의 우회기동을 신창 전방에서 저지하여 42군이 그들의 목표인 숙천에 도착할 수 없게 만들어, 안주에서 숙천으로 향하는 미 8군의 철수로를 개방시킬 수 있었다.

하지만 군우리－순천 방향으로 철수하던 미 2사단은 이미 삼소리를 점령한 38군의 113사단의 공격을 받아 막대한 손실을 입게 되었다.

이렇듯 미 1기병사단의 선전으로 미 8군의 주력은 숙천－순천－성천－양덕 선까지 철수하여 새로운 방어선을 형성할 수 있었으나, 철수간 일부 부대의 손실은 너무나 컸다. 설상가상으로 중공군이 성천 지역을 공격하여 돌파구를 형성하자 미 8군은 평양을 포기하고 12월 4일에 38선으로 철수하게 된다.

3. 중공군의 2차 공세 분석

분명 2차 공세는 1차 공세와는 달랐다. 1차 공세에서 실패한 대규모 우회기동도 어느 정도 성과를 이룰 수 있었으며 1차 공세보다 많은 유엔군을 섬멸했다. 그러나 중공군은 그들의 1차 목표였던 국군 2군단에 궤멸적인 타격을 입혔지만, 2차 목표였던 미군에게는 그다지 큰 피해를 입히지 못하였다.

2차 공세에서 중공군의 공격형태가 기습이었고, 유엔군이 중공군의 실체를 정확히 파악하지 못했던 당시 전장 상황을 고려해 본다면, 어찌 보면 중공군의 2차 공세도 전술적 승리를 전략적 승리로 전과확대하지 못했다고 평가할 수도 있다.

이렇듯 중공군이 전과확대를 제대로 할 수 없었던 이유 중에 가장 큰 비중을 차지하는 것은 바로 전투력의 분산이었다. 팽덕회는 1차 공세와 마찬가지로 너무 많은 수의 견제부대를 편성하여 주공

〈요도 4-6〉 2차 공세 당시 중공군 50군의 위치

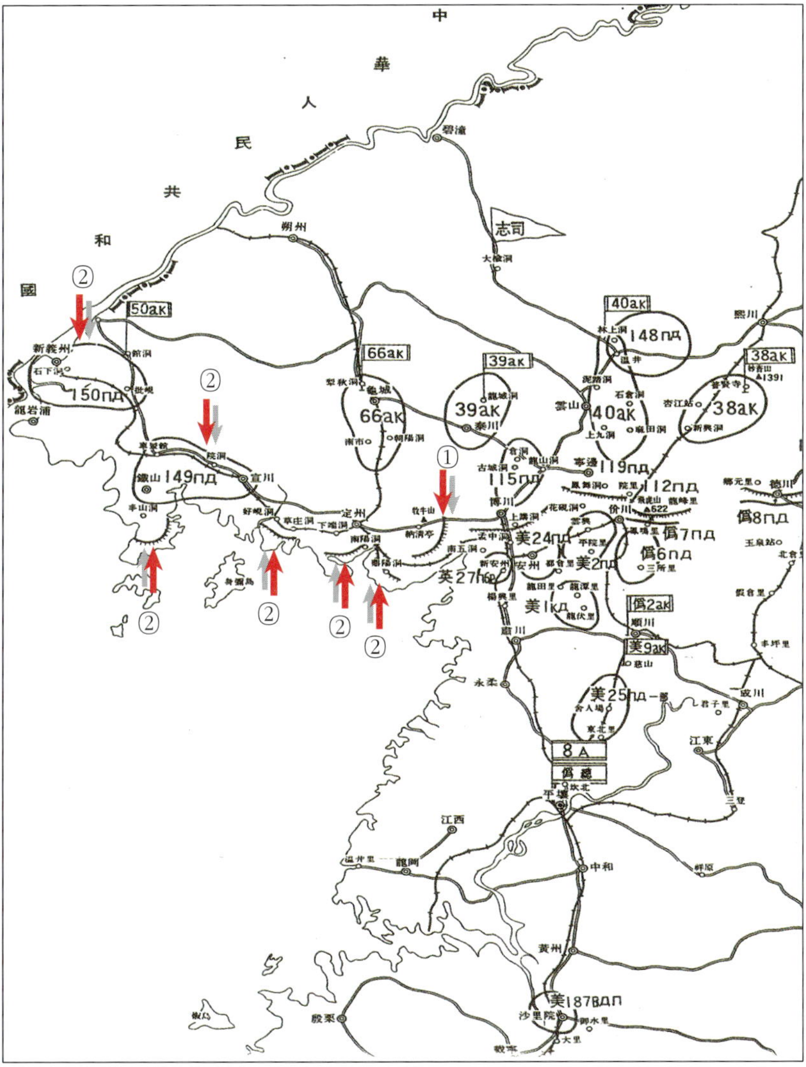

※ 출처: 中國人民志願軍抗美援朝戰爭經驗的總結編寫委員會, 『抗美援朝戰爭的經驗總結』(1956年 10月), 第2次戰役戰前(1950年 11月 6日) 作戰附圖1

〈표 4-2〉 중공군 2차 공세 분석

1단계	2단계	3단계	4단계
작전목표 선정	작전수행 방법	전투력 운용	작전결과
국군 → 전 방 (국군 2군단)	〈유인작전〉 방법: 부대 간 간격이 벌어지도록 북한 북부 산간지역으로 유엔군 유인 목적: 유엔군을 산악지역으로 유인하여 부대 간 상호지원을 차단 → 유엔군의 화력 약화	50군(미 24사단 견제 및 해안방어) 66군(국군 1사단 견제) 39군(미 25사단 견제) 40군(미 2사단과 국군 7사단 측방공격)	국군 7사단 격퇴
미 8군 퇴로 → 후 방 (개천, 숙천)	〈후방 2중 우회기동〉 방법: 국군 2군단에 형성된 돌파구를 통과하여 미 8군의 퇴로 차단 목적: 미 8군 주력부대의 포위	38군(우회기동) 42군(우회기동)	우회기동 성공(삼소리 점령) 우회기동 실패(북창에서 미 기병 1사단에 의해 저지)

〈팽덕회의 판단〉
1차 공세와 동일

〈2차 공세 결과〉

① 전투력 분산으로 우회기동부대에 예비대를 미(未)편성

② 42군의 우회기동 실패로 안주–숙천 간 도로 차단 실패 → 유엔군의 철수 허용

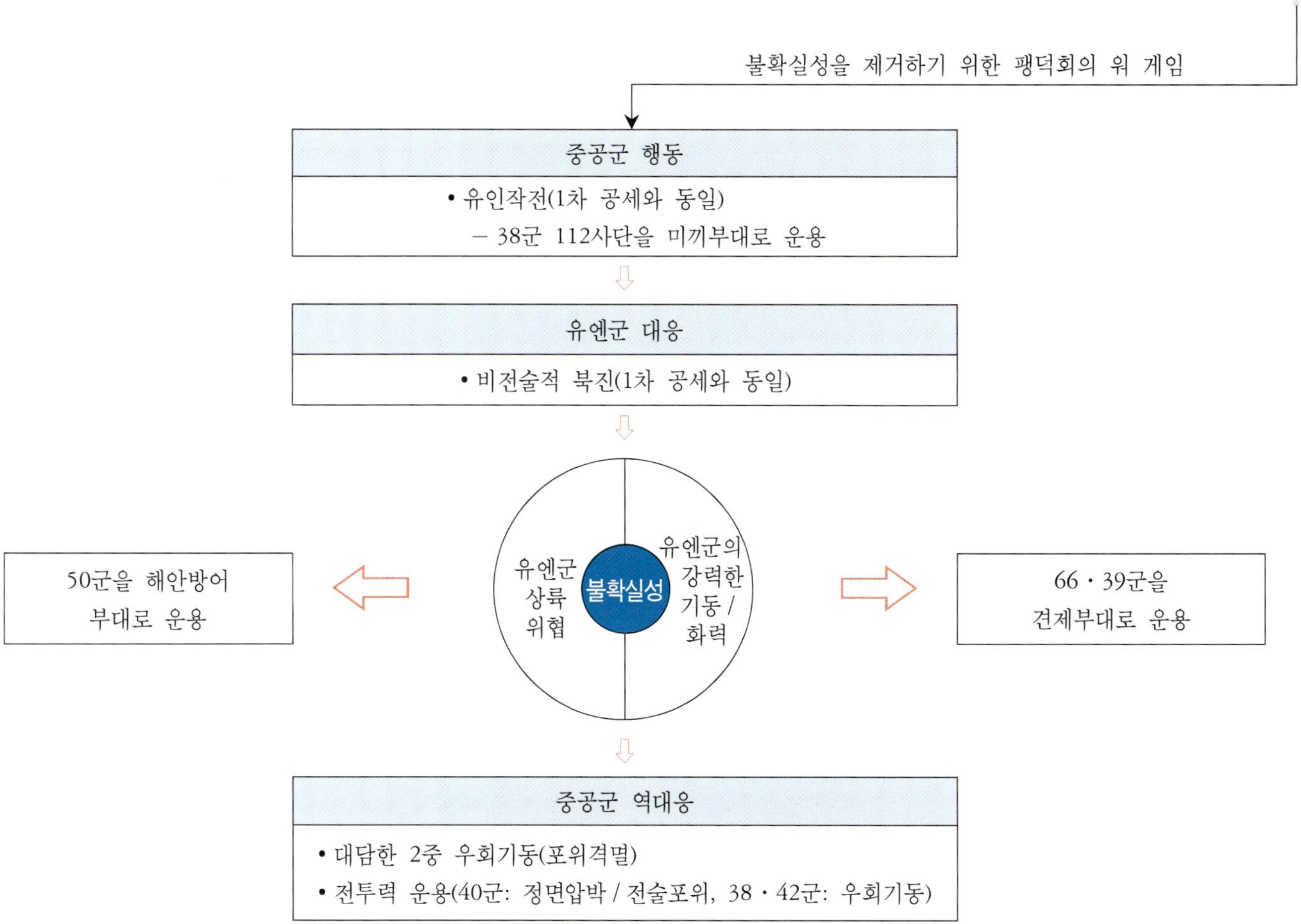
불확실성을 제거하기 위한 팽덕회의 워 게임
중공군 행동
• 유인작전(1차 공세와 동일)
– 38군 112사단을 미끼부대로 운용
유엔군 대응
• 비전술적 북진(1차 공세와 동일)
50군을 해안방어 부대로 운용
유엔군 상륙 위협
불확실성
유엔군의 강력한 기동 / 화력
66 · 39군을 견제부대로 운용
중공군 역대응
• 대담한 2중 우회기동(포위격멸)
• 전투력 운용(40군: 정면압박 / 전술포위, 38 · 42군: 우회기동)

부대에 추가적인 전투력을 할당해 주지 못했으며, 우발상황에 대처할 수 있는 예비대를 보유하지 못했다. 즉 그 당시 전장의 주도권을 중공군이 쥐고 있었음에도, 대규모의 견제부대를 편성하여 이를 제대로 활용하지 못한 것이다.

그렇다면 왜 팽덕회가 대규모의 견제부대를 편성했을까? 이는 위에서 제시한 작전명령, 전보 및 중공군의 기동계획을 분석해 보면 쉽게 알 수 있다. 우선 모택동은 11월 5일, 팽덕회에게 보낸 전문에서 50군으로 하여금 해안 경계를 엄중히 하라는 지시사항이 있었다. 이로 인해 50군은 미 24사단의 견제(①: 정주 전방 납청정(納淸亭) 일대)와 해안 경계(②)라는 두 가지 임무를 병행했다.

1차 공세에서도 중공군은 측방방호를 위해 서해안 일대에 1개 군 규모(50군)를, 장진호와 묘향산 일대에 1개 군(42군 124사단과 126사단) 규모를 배치했었는데, 2차 공세에서도 이와 비슷한 규모로 해안경계부대를 편성했던 것이다.

다음으로 팽덕회는 66군(3개 사단)과 39군(3개 사단)을 견제부대로 편성했다. 하지만 6개 사단으로 1차 공세에서 많은 피해를 입은 국군 1사단과 미 25사단을 견제했다는 사실은 언뜻 납득이 가지 않는 대목이다.

이는 11월 21일 21시에 중앙군사위원회가 13병단 사령부에 지시한 사항을 보면 어느 정도 그 의문점을 풀 수 있다. 이때 중앙군사위원회의 전보 내용을 살펴보면, "만약 제 40군이 동쪽으로 이동하기 시작하면 이와 동시에 39군, 66군, 50군은 적당한 지역까지 전진해 나아가 미 2사단, 미 24사단 등의 동쪽 지원을 견제해야 한다"[25]라고 명시되어 있다.

25) 당시 13병단의 작전계획은 1단계 작전(국군 2군단 지역 돌파) 이후, 2단계 작전(38군과 42군의 우회기동)으로 전환하면, 40군이 곧바로 국군 2군단과 미 2사단의 사이로 공격하여 국군 2군단을 섬멸하는 것으로 되어 있었다.

또한 13병단 사령부도 중앙군사위원회의 지시사항에 근거하여 "40군이 이동을 개시하면, 39군, 66군, 50군은 역시 동쪽으로 이동해서 방어지역을 차례로 인수하고 전선의 조정을 완전하게 한 후, 공격을 개시하라"[26]고 명령했다. 이는 2개 군(38군과 42군)으로 편성된 우회기동부대가 국군 2군단을 돌파하여 종심으로 기동할 때, 미 1군단과 9군단의 일부 부대가 국군 2군단 방향으로 증원되어 자신들의 측방을 공격하는 상황을 방지하기 위한 조치였다. 즉 팽덕회는 우회기동부대의 종심기동을 보장하기 위해 66군과 39군을 견제부대로 편성한 것이다.

위의 사항을 정리해 보면 중공군은 해안경계를 위해 1개 군을, 미군 1군단과 9군단의 측방공격을 저지하기 위해 2개 군을 편성했던 것이다. 결국 중공군은 전투력을 분산했기 때문에 국군을 섬멸한 후 미군의 후방을 차단하여 최대한 많은 수의 유엔군을 섬멸한다는 그들의 작전목적을 달성할 수 없게 되었던 것이다. 이처럼 유엔군의 상륙위협과 강력한 기동력과 화력은 또다시 중공군에게 불확실성을 증폭시켜 그들의 작전 전반에 영향을 미쳐 전투력을 분산시키게 했고, 결국 전술적 승리를 전략적으로 확대하지 못하게 하는 족쇄 역할을 했다.

26) 한국전략문제연구소, 앞의 책, pp. 51-51(참조 재인용).

제3절 중공군의 3차 공세

1. 중공군의 3차 공세

중공군은 두 차례의 기습공격으로 그 실체를 드러냈다. 이로 인해 1950년 12월 말까지 6·25전쟁을 끝마치려 했던 맥아더 장군의 구상은 산산조각이 났으며, 전쟁의 양상은 장기전으로 바뀌게 되었다. 즉 한반도에서 한 번의 밀물과 썰물이 왔다갔을 뿐, 전황은 6·25전쟁이 발발하기 이전의 모습으로 되돌아갔다. 차이점이 있다면 38선 이북의 적이 북한군에서 중공군으로 바뀐 것뿐이었다.

중공군의 1·2차 공세는 유엔군의 약점을 100% 이용한 기습작전이었다.[27] 비록 전투력 분산으로 최대한 많은 수의 유엔군을 섬멸한다는 그들의 작전목적을 달성하지는 못했지만, 전쟁의 주도권을 탈취하기에는 충분했다. 동시에 중공군이 실시한 대담한 우회기동, 야간공격은 유엔군으로 하여금 항상 자신의 후방을 걱정하게 만들었고, 꽹과리와 나팔 소리 이후에 밀려드는 수많은 중공군은 유엔군으로 하여금 경악, 아니 공포심을 가지게 했다.

하지만 이런 모습들은 겁에 질린 유엔군이 본 중공군의 허상이었다. 1·2차 공세를 마친 중공군 또한 막대한 피해를 입었다. 약 30%의 전투력이 저하되었기 때문에 추가적인 병력보충과 장기간의 부대정비가 절실히 필요할 정도였다. 이에 조·중 연합군[28] 사령관

---

27) 오규열, 앞의 책, p. 293. 중공군 총참모부는 6·25전쟁 참전 이전에 북한군의 전투경험을 연구하여 미군의 강·약점을 13병단에 통보했다. 당시 중공군 총참모부는 "미군 보병은 전투력이 약하고, 죽음을 두려워하고, 퇴로차단을 두려워하고, 도로에 대한 의존성이 강하고, 미군과 한국군 사이의 협동이 부족하여 각개격파가 가능하다"라고 판단했다.

28) 양영조, 앞의 논문, pp. 188-189. 12월 중순 38선 일대에서 유엔군과 대치하게 된 중국 지원군은 주력이 붕괴된 북한군과 연합사령부를 창설했다.

조명지원하 미 8군의 진지에 접근하는 중공군

인 팽덕회는 "1·2차 공세로 인한 부대정비의 필요성과 증원부대(19병단)의 도착, 그리고 2차 공세 시 장진호 전투에서 붕괴된 9병단의 부대정비, 필요한 보급품 획득 등을 고려해 1951년 2~3월경에 38선을 돌파, 서울을 점령한다"라는 작전계획을 구상했다.

그러나 모택동의 생각은 달랐다. 모택동은 팽덕회가 건의한 2~3개월의 준비기간이 필요하다는 사실을 인정하면서도 정치적인 주도권을 잡기위해 "지체 없이 38선을 돌파, 서울을 점령한 후, 부대정비 기간을 부여한다"[29]라고 말하며, 즉각 공세를 명령했다. 왜냐하면 모택동은 1, 2차 공세의 승리를 높게 평가하여 한반도에서 미군 축출이 가능하다고 판단했기 때문이었다.[30]

29) 홍인표, 앞의 책, pp. 151-152(참조 재인용).

30) 모택동은 "이번 기회는 아군이 대거 적을 섬멸해 조선 문제를 근본적으로 해결하는 데 매우 좋은 기회이다"라고 생각했다.

〈요도 4-7〉 중공군의 3차 공세계획

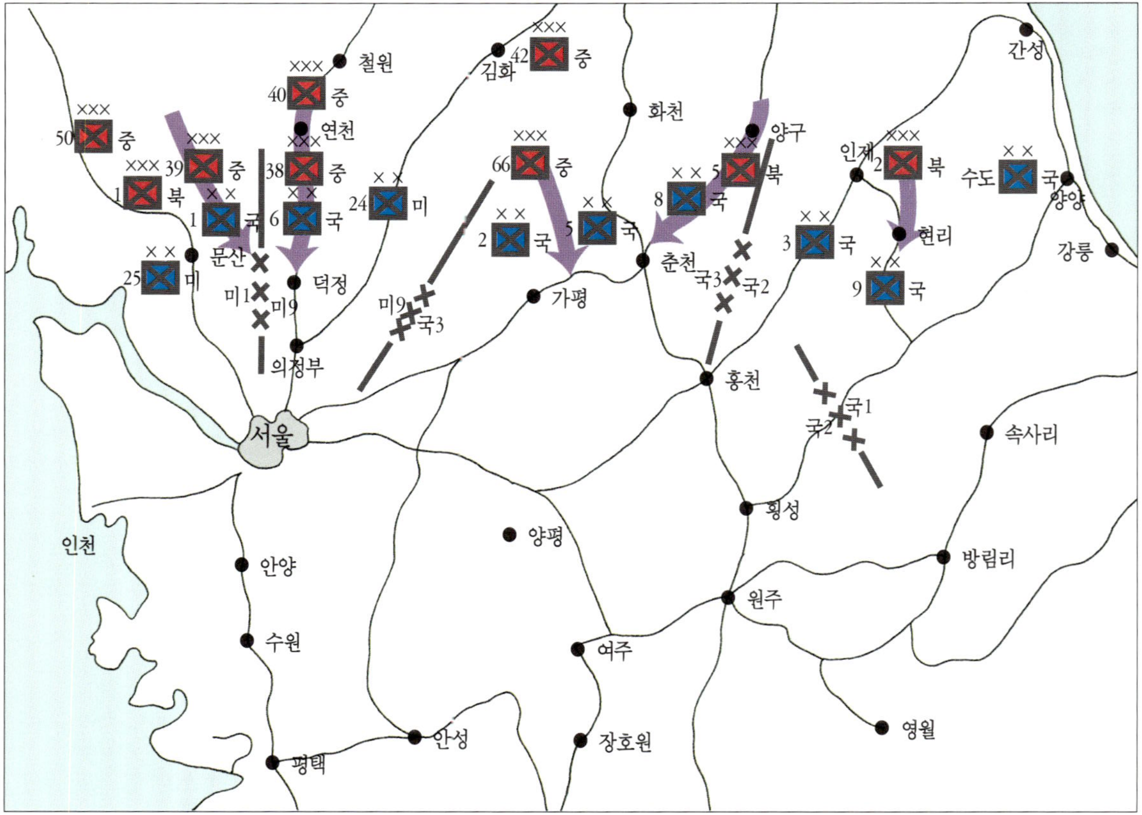

팽덕회는 모택동의 명령을 수령한 후, 여러 차례의 회의와 숙고 끝에, 12월 31일 부로 제3차 공세를 감행하기로 결정했다.

이를 위해 팽덕회는 3차 공세의 목표인 서울을 최대한 빠른 시간 내에 점령하기 위해 중공군 4개 군(우로부터 50군, 39군, 40군, 38군)과 북한군 1개 군단(1군단, 중공군 50군의 우측에 위치)을 주공으로 편성했다. 그리고 중공군 2개 군(우로부터 42군, 66군)을 중부전선에, 북한군 2개 군단(우로부터 2군단, 5군단)을 동부전선에 배치하여 유엔군이 서울 방향으로 증원되는 것을 차단했다. 이는 전쟁초기 북한군의 기동계획과 매우 흡사한 것으로, 전투력의 집중이 돋보이는 작전계획이었다.

1950년 12월 31일, 조・중 연합군은 공격준비사격과 함께 일제히 임진강을 넘어 공격을 감행했다. 중공군의 공격은 문산 축선을 방어하고 있는 국군 1사단과, 의정부 축선을 방어하고 있는 국군 6사단에 집중되었다. 왜냐하면 문산과 의정부 축선이 서울에 이르는 가장 짧은 기동로였으며, 미군보다 상대적으로 전투력(화력)이 약한 국군이 방어를 하고 있었기 때문이었다.

중공군은 공격을 개시한 지 한 시간 만에 국군 1사단과 6사단의 후방에 나타나 나팔과 피리를 불기 시작했다. 그 결과 국군 장병들은 심리적으로 동요되어 전방 진지를 중공군에게 내어주고 후퇴할 수밖에 없었다. 다음 날인 1951년 1월 1일에는 국군 1사단과 6사단에 형성된 돌파구가 더욱 커졌고, 중・동부 전선에 배치된 국군 3군단도 중공군의 집중적인 공격을 받게 되었다.

2. 유엔군의 철수

상황이 악화되자 유엔군 사령관인 리지웨이 장군은 전선을 시찰

미 8군을 추격하는 중공군 정찰대

한 다음, 서울 이남에 배치된 미 8군의 주력이 포위될 위험이 크다고 판단하여 서부전선의 전 부대를 한강－양평－홍천 선으로 철수시켰다. 이어서 1월 3일 오후에는 미 8군의 주력을 다시 평택－안성 선으로 철수시켰다. 왜냐하면 중공군의 공격기세는 식을 줄 몰랐고, 한강이 결빙되어 중공군의 기동에 유리하게 작용했기 때문이었다.

서부전선에 있는 미 8군의 주력부대들이 후퇴를 거듭하고 있을 무렵, 중공군 42군과 66군은 가평－춘천 축선으로 공격하여 국군 2사단과 5사단 지역을 돌파하고 37도 선으로 후퇴하는 미 8군 주력부대(서부전선의 미 1군단과 미 9군단)의 후방을 차단하려고 했다. 그러나 유엔군의 공중폭격과 포병화력으로 더 이상 추격을 할 수 없었다.[31]

동부전선의 상황은 서부전선과는 판이하게 달랐다. 동부전선 대부분이 산악지대여서 유엔군의 화력과 공중엄호가 그다지 실효성을 거두지 못하고 있었다. 북한군 2군단과 5군단은 이미 침투한 유격

31) 서부전선에서 38도선과 37도선 사이의 지역은 모두 개활지였으므로 중공군은 유엔군의 포격 및 폭격에 대단히 취약했다.

〈표 4-3〉 리지웨이 장군의 판단 / 조치

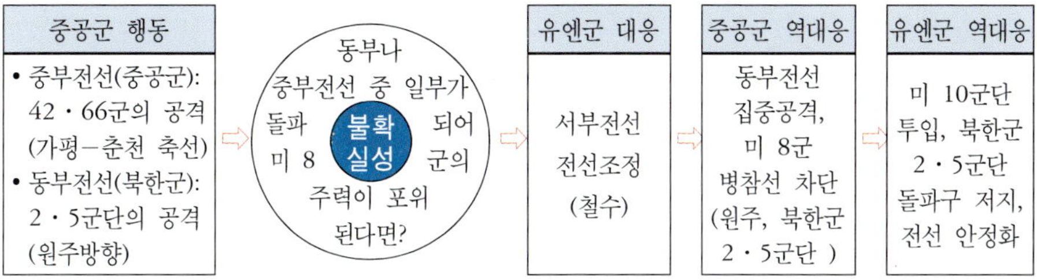

대와 지형의 이점을 십분 활용하여 국군 8사단과 3사단을 공격했다. 그 결과 북한군들은 원주－평창과 영월－단양 일대까지 진출하여 다시 한번 미 8군의 후방 병참선을 위협할 수 있게 되었다.[32)]

그러자 리지웨이 장군은 부산에서 정비를 하고 있던 미 10군단(미 2사단과 미 7사단으로 편성)에게 명령하여 중부전선에서 방어하고 있던 국군 3군단을 증원하게 했다.[33)] 이때 미 2사단은 원주에 투입되어 북한군 2군단과 5군단의 공격을 막아낼 준비를 했다. 북한군 2개 군단은 미 2사단의 퇴로를 차단하여 잠시 동안 원주를 점령하기는 했으나, 곧 유엔군의 공중지원으로 미 2사단이 원주를 되찾게 되었다. 이후 4일간의 치열한 공방전으로 북한군은 막대한 피해를 입고 철수하지 않을 수 없게 되었다. 결국 미 2사단의 선전으로 대전－청주 방향으로 진출하여 미 8군의 주력을 포위하고, 유엔군의 병참선을 끊으려던 조 · 중 연합군의 의도는 좌절되었다.

그러나 미 8군은 이상한 상황에 직면하게 되었다. 원주 공방전

---

32) 최용호, "중공군의 3차 공세와 1 · 4후퇴 그리고 원주", 『국방저널』 3월호(2003년), pp. 58-62.

33) 중공군의 2차 공세에서 심각한 타격을 입은 미 10군단(장진호 전투)과 미 2사단(군우리 전투)은 부산 일대에서 재편성 중이었으나, 중부전선의 상황이 급박해지자 리지웨이 장군은 1월 3일에 미 2사단과 미 7사단으로 구성된 미 10군단을 원주로 급파하여 국군 3군단을 배속시켜 위기를 진정시키려 했다.

이후, 1월 11일부터 중공군과 북한군이 갑자기 자취를 감추어 버린 것이다. 미 8군 사령부는 순간 공황에 빠져 버렸다. 왜냐하면 유엔군 사령부는 아직 조·중 연합군이 자신들을 추격할 만한 충분한 전력을 가지고 있다고 판단했었기 때문이었다.

3. 중공군의 추격중지 이유

당시 미 8군 사령관인 리지웨이 장군은 어떤 형태의 반격작전(상륙작전)도 계획하지 않았고 그저 중공군의 공격기세에 밀려 철수 및 철퇴[34]를 했다. 당시 미 8군은 "한강은 이미 얼어 중공군의 공격(기동)에 유리하게 작용했고, 중부와 동부에서 가중되는 적의 압력은 서부전선의 후방을 위협하기에 충분했다"[35]라고 판단했다. 그래서 미 8군은 한강-양평-홍천 선으로, 다시 평택-안성 선으로 그들의 장점인 기동력을 최대한 발휘하여 철퇴를 한 것뿐이었다. 물론 두 차례의 공격으로 중공군에 대한 두려움을 가지고 있었던 미 8군 장병들의 전투기피현상도 큰 몫을 했다.

유엔군이 아무런 이유 없이 철수를 하자 팽덕회와 그의 부사령관들의 의심은 더욱 더 증폭되어 갔다. 그래서 이들은 38도선을 넘어 남하하면 할수록 자신들의 약점이 많이 노출된다고 생각했다. 여기서 중공군의 약점은 추격을 중단한 1951년 1월 8일 작전회의에서 잘 나타나 있는데, 그 내용을 살펴보도록 하자.

---

34) 김정필, 앞의 책, p. 218. 철퇴(Retirement)는 적과 접촉하고 있지 않은 부대가 후방으로 이동하는 작전으로 철수에 후속하여 실시되거나 별도로 실시될 수도 있다.

35) 육군본부 군사연구실, 『6·25 전쟁의 실패사례와 교훈』(대전: 육군본부, 2004), pp. 282-286.

〈표 4-4〉 팽덕회의 판단 / 조치

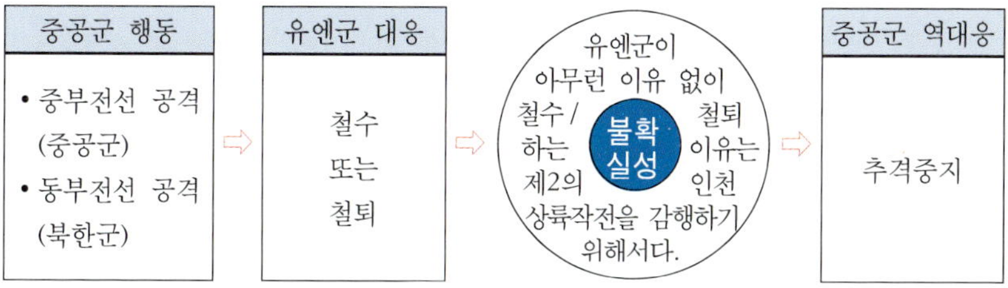

3차 공세를 위한 사령부 작전토의36)

1951년 1월 8일, 팽덕회와 여러 참모들은 한반도 정세를 토의했다. 팽덕회는 탁자 위의 지도를 여러 차례 살피면서 심사숙고한 뒤 "승리 이후에 추격하는 것은 당연하지만 우리는 신중해야 한다. 첫째, 적은 세 차례에 걸쳐 우리의 강력한 공격을 받았지만 아직 전투력이 약화된 것이 아니고, 아직 강력한 예비대를 보유하고 있다. 또한 그들의 화력은 막강한데 왜 서울을 포기하고 철수했을까? 둘째, 적은 38도선상과 그 이남에 강력한 방어진지를 구축했는데, 왜 방어를 하지 않고 우리와 접촉도 하지 않았는데 철퇴했을까? 셋째, 지원군은 연속적인 공격으로 인해 상당한 피로에 빠져 있고 적의 강력한 화력에 피해를 입어 최전방의 6개 군의 병력은 21만 명으로 감소되어 있다. 후방의 비전투요원을 전선으로 충당한다 할지라도 대부분의 전투부대 병력은 참전 초기의 2/3 수준밖에 되지 않는다. 또한 영양상태가 지극히 나빠 더 이상의 공격은 무리이다. 넷째, 전선이 남쪽으로 이동함에 따라 병참선은 이미 550~700km로 신장되었고 남쪽의 전장 또한 대부분 개활지여서 적의 항공기 공격에 매우 취약하다. 우리가 추격을 계속한다면 적의 화력에 노출되어 막대한 피해를 보게 될 것이고, 적이 아무런 이유 없이 후방으로 철퇴한 데에는 무엇인가 석연치 않은 부분이 있다"라고 말했다.

이어서 홍학지는 "적이 계획적으로 물러나고 있습니다. 여기에는 분

36) 楊鳳安·王天成, 『駕垷朝鮮戰爭的人』(北京: 中共中央黨; 較出版社, 1993), pp. 221-223.

히 함정이 있습니다"라고 고개를 끄덕였다.

등화 또한 "리지웨이가 얼마 전에 부임했는데 이 사람은 매우 영활한 사람입니다. 적의 철퇴에는 무엇인가 다른 이유가 있습니다. 리지웨이는 강력한 해·공군으로 우리의 후방 병참선을 차단하고 심지어는 제2의 인천상륙작전도 감행할 수 있는 위험한 인물입니다"라고 홍학지의 의견에 동의하였다.

홍학지와 등화의 의견을 들은 뒤 팽덕회는 "우리는 냉정을 유지해야 한다. 여러 번의 숙고를 통해 주관적인 견해와 객관적인 견해의 일치를 봐야 한다. 만약 우리가 추격을 계속한다면 적은 우리의 후방이 빈 것을 이용할 것이고, 이런 상황에서 적이 우리의 양쪽에 상륙작전을 감행한다면 이는 제1차 인천상륙작전보다도 더 위험한 상황이 초래될 수 있다. 전쟁은 도박이 아니다. 국가와 인민의 재산을 이용하여 적에게 저당을 잡혀서는 안 된다"라고 강조했다.

홍학지와 등화의 추가의견을 들은 뒤 팽덕회는 "양 참모(수행비서, 양봉안)는 해 참모장(해방)에게 모든 부대들의 추격을 중지하라고 전달하게. 일부 병력은 현 위치에 남아 유리한 지역을 점령, 진지를 구축하여 상내의 공격에 대비토록 하게"라고 최종적으로 결정하였다.[37)]

앞의 내용을 기초로 판단해 본다면, 팽덕회와 그의 참모들은 유엔군의 상륙작전을 우려하여 추격을 멈췄다고 볼 수 있다. 중공군의 1·2차 공세에서 유엔군의 상륙작전 위협은 단지 중공군의 전투력을 분산시키는 한 요소에 불과했지만, 3차 공세에서는 전장의 불확실성을 증폭시켜 그들의 전반적인 작전에 영향을 미치게 된 것이다.

37) 팽덕회는 "북한군 1군단의 2개 사단, 지원군 50군과 38군의 각 1개 사단이 한강 이남에서, 지원군 42군 1개 사단과 북한군 2·5군단의 일부는 남한강 동쪽 지역에서 전방의 적을 경계하면서 동시에 해안경계를 실시, 기타 각 군 주력은 고양, 의정부, 동두천, 금화, 금성, 회성 등에서 집결하여 재편성과 휴식을 취할 것"이라고 명령했다.

그렇다면 1951년 1월 8일의 상황을 다른 중국 자료에서는 어떻게 묘사하고 있을까? 중공군 공간사나 당시 13병단 사령부에서 참모로 활동했던 인원들의 회고록을 살펴보면 위에서 제시한 중공군의 추격중지 명령과 유엔군의 상륙작전 간의 상관관계에 대해 신빙성을 더해 줄 수 있을 것이다.

① 중국 공간사 I

첫째, 적 주력이 격파되지 않았고, 적은 아군을 깊숙이 유인하여 이일대로(以逸待勞)할 가능성이 있다. 둘째, 근대화된 장비의 적에 대해 도보로 추격하는 것은 큰 성과가 없다. 셋째, 전역 후 지원군과 인민군 모두 부분적인 추격을 했으나 큰 성과가 없었다. 해안방어와 후방안전을 공고히 해야 하는 절박한 소요를 감안해볼 때 맹추격하여 연속공격하지 않은 방침은 옳은 것이었다.[38]

② 중국 공간사 II

전역이 개시된 후 적군은 강력한 저항을 실시하지 않았으며 심지어 어떠한 접촉도 거치지 않고 신속하게 퇴각하였는데, 이러한 현상을 살펴볼 때 적군은 계획적으로 후퇴한 것으로 보이며, 즉 전력을 유지하면서 아군을 깊숙이 유인한 후 반격할 기회를 찾으려고 기도한 것 같았다. 더욱이 아군은 보병으로써 적군의 기계화 부대를 추격하는 것은 비효율적이었으며, 아울러 아군이 계속 남진하면 동서 해안의 방어에 허점이 노출되어 적에게 상륙의 기회를 주게 된다. 일단 적군이 측·후방으로부터 상륙하면 아군은 장차 극단적인 피동의 위치에 처하게 된다.[39]

---

38) 박동구, 앞의 책, p. 304. 1951년 1월 25일에 시작된 중·북 양군 고급 연석회의 내용(참조 재인용).

39) 한국전략문제연구소, p. 21(참조 재인용).

③ 13병단 총사령관 팽덕회의 회고록

적의 계획은 어떻게 해서든 우리를 유인하여 자신들의 강력한 진지를 공격하도록 하는 것이었다. 그런 연후 우리가 지친 다음에 우리를 향하여 정면 공격을 개시하고, 동시에 자신들의 부대를 우리의 후퇴로를 차단하기 위하여 우리의 측방으로 상륙시키는 것이었다. 우리의 병참선이 길어짐에 따라 보급문제도 매우 어려워졌다. 전투와 비전투 요인에 따른 손실로 인해 우리의 병력은 거의 절반 가까이 줄어들었다. 우리는 재차 공격에 앞서 병력보강, 휴식, 그리고 재정비가 절실히 필요하게 되었다.

④ 13병단 부사령관 홍학지의 회고록

유엔군이 방어선을 쉽게 포기했으나 주력은 일찌감치 남쪽으로 후퇴한 점 등을 고려할 때 상대가 우리를 깊숙이 유인한 뒤 우리의 배후에서 또다시 상륙작전을 꾀하려는 음모가 있을 것 같았다. 8일 팽총사령관은 전군에 추격정지명령을 내렸다. 팽총은 그 이유를 다음 4가지로 말씀하셨다. 첫째, 아군은 2개월여의 연속작전으로 극도로 피로했고, 병력손실 또한 엄청났다. 둘째, 3차 전역은 아군이 승리했지만 적의 주력을 섬멸하지는 못했다. 셋째, 아군의 보급선이 500~700km로 신장되었다. 넷째, 아군이 동서해안에 허점을 보여 양익측면이 드러나 있다. 우리가 계속 남진할 경우 상대가 우리의 측면과 배후에서 상륙작전을 감행해 협공해 온다면 인천상륙작전의 재판이 되지 말라는 법은 없다.[40]

⑤ 13병단 참모장 시에팡의 회고록

3차 전역을 통하여 단번에 적을 38선에서 37도선까지 밀어붙였다. 37도선까지 전진한 것의 의미가 무엇인가? 그것은 서울이 다시 우리에게 수복된 것을 뜻하는데 그것은 매우 중요한

40) 홍인표, pp. 169-171(참조 재인용).

〈표 4-5〉 중공군의 3차 공세 시 추격중지 이유

1단계 작전목표 선정		2단계 작전수행 방법		3단계 전투력 운용	4단계 작전결과
국군	전 방 (국군 1사단, 6사단)	〈정면 돌파〉 방법	미 8군 예하부대의 전투지경 선 공격	50군 (미 25사단 견제)	국군 1, 6사단을 격멸하였으나 유엔군의 강력한 화력으로 인해 피해가중 → 분활포위 및 각개격파 실패
				40군 (국군 1·6사단 사이 돌파)	
		목적	미 1·9군단을 분할, 포위하여 각개격파	39군 (국군 1사단 공격)	
				38군 (국군 6사단 공격)	
미 8군 후방	후 방 (미 8군 철수로)	〈대담한 우회기동〉 방법	국군 2·3군단을 돌파 후, 미 8군의 퇴로 차단	42·66군 (국군 3군단 돌파 후, 우회기동)	유엔군의 강력한 화력으로 인해 퇴로차단 실패
		목적	미 8군 주력부대의 섬멸	북한군 2·5군단 (국군 2군단 돌파 후, 우회기동)	미 2사단에 의해 저지(원주 전투)되어 퇴로차단 실패

⇩

① 유엔군의 철수, 철퇴[41)]
② 유엔군의 화력으로 인해 피해가중
③ 병참선의 신장

⇩

팽덕회 판단: 추격중지(작전휴지)

팽덕회의 귀국보고(1951년 2월 19일, 중공군 4차 공세 기간)[42]
모택동이 "지도부의 몇몇 위원들은 당신이 승세를 타고 더 이상 추격하지 않은 사실과 서울을 포기한 것에 대해 약간 의아해 했었습니다"라고 팽덕회에게 말했다. 팽덕회는 "사령부에서 전장의 전체 국면을 분석한 결과, 우리가 비록 세 차례의 전투에서 승리를 거두었으나 근본적으로 적의 전투력이 약화되지 않았다는 것을 알았습니다. 새로 부임한 리지웨이는 상당히 영활한 사람으로 그는 우리의 장비가 낙후된 점과 작전상의 약점을 철저히 이용하여 강력한 화력으로 우리에게 상당한 피해를 주려고 하고 있습니다. 또한 적이 측·후방으로 상륙을 감행하려 하고 있습니다. 따라는 사령부는 이런 총체적인 국면을 모두 분석하여 모든 부대들을 38도선으로 철수시켜 유리한 지형을 이용하여 전투력을 보존하고 차후 공세로 전환하기로 결정했습니다"라고 대답하였다. 주은래는 이어서 "우리 군은 38도선을 넘어 적을 추격했고 적은 우리를 남쪽으로 유인하여 제2의 인천상륙작전을 감행하려 했습니다. 팽 사령관은 적의 묘략에 빠지지 않았습니다. 스탈린도 팽 사령관의 작전지도를 극찬하면서 당신을 당대의 군사가라고 칭찬하더군요"라고 말했다.

것이었다. 그 대결을 통하여 적은 음모가 통하지 않는다는 것을 알게 되어 계속 군사적 준비를 진행했다. 그들은 우리를 낙동강 일대까지 끌어들여 제2차 상륙작전을 벌이려고 했다. 중·조 쌍방의 지도자들과 팽덕회 총사령관은 적의 꾀를 간파하고, 37도선에 다다른 후 곧바로 추격을 중지했다.[43]

이처럼 여러 자료에서 당시 중공군은 유엔군의 상륙작전을 상당

41) 당시 미 8군 예하부대는 대부분 기계화되어 있었기 때문에 도보로 이동하는 중공군은 유엔군을 추격한다 할지라도 유엔군과 접촉조차 할 수 없는 실정이었다.

42) 楊鳳安·王天成, 앞의 책, pp. 249-250.

43) 행자부 정부기록보존소, 앞의 책, p. 215(참조 재인용).

히 우려하고 있음을 알 수 있다. 결국 팽덕회는 두 차례의 공격으로 중공군이 작전한계점에 도달해 있는 상황(각 군의 전투력은 적게는 30%, 많게는 50%까지 저하되어 있는 상태)에서 만약 유엔군의 화력에 노출되거나 유엔군의 상륙작전을 허용한다면 본국에서 증원 병력(19병단)이 도착하기도 전에 중공군은 전투능력을 상실할 가능성이 높다고 판단하고 추격을 중지한 것이다. 즉 팽덕회는 피・아의 상황을 냉철하게 분석한 후에 추격보다는 작전휴지를 택한 것이고 중공 지도부에서도 팽덕회의 작전지도에 동의하였다.[44]

4. 중공군의 3차 공세에 영향을 미친 인천상륙작전

팽덕회는 3차 공세에서 유엔군의 상륙작전에 대해 더욱 민감하게 반응하고 있었다. 조・중 연합군 사령부의 회의내용이나 당시 사령부 참모들의 회고록을 살펴봐도 중공군은 '제2의 인천상륙작전', '철퇴', '유인'의 용어를 써 가면서 유엔군의 상륙작전을 우려하고 있었다.

당시 중공군의 상황은 두 차례의 공격으로 인해 각 군의 전투력은 이미 30~50%까지 저하되어 작전한계점에 도달해 있었고, 전방의 전투력을 보강하기 위해 후방에서 전투지원병이나 전투근무지원병을 차출하고 있었다. 또한 병참선도 500~700km까지 신장되어 있어 보급에도 많은 문제가 있었다. 그 결과 중공군은 후방을 방

44) 양영조, 앞의 논문, pp. 193-194. 팽덕회가 추격을 중지하자 김일성과 소련대사가 반대의 입장을 표명했다. 이들을 "조・중 연합군이 추격을 계속하면 유엔군은 계속해서 철수할 것이다"라고 주장했고, 팽덕회는 "미군은 철수하지 않을 것이며 그럴 경우에 대비해야 한다"라고 강조하면서 북한지도부가 승리의 요행을 바라고 있다고 격렬하게 비판했다. 이 문제는 급기야 스탈린에게까지 보고가 되는데, 스탈린은 당시 정세를 분석한 후에 "팽덕회의 작전지도가 일리가 있다"라고 판단하여 소련대사에게 더 이상 팽덕회의 지휘에 간여하지 말도록 지시하였다.

〈표 4-6〉 중공군의 3차 공세 시 상륙방어부대 편성[45]

북한군				중공군	
해 주	동해안	원산지역	서해안	함 흥	압록강~구장
북한군 1군단 일부	북한군 해군 4개 여단	북한군 3군단	북한군 4군단	중공군 9병단	중공군 19병단[46]
유엔군이 상륙할 가능성이 있는 해안에 상당량의 부유물을 설치[47]				함흥으로 이동하여 재편성 병행	4차 공세 2단계 작전 시 참전

어할 수 있는 병력이 절대적으로 부족하게 되었다. 이에 팽덕회는 김일성과 협조하여 상륙방어부대를 배치하고, 모택동에게 19병단의 추가 파병을 요청하여 조・중 연합군 후방의 안전을 공고히 했다.[48]

이와 반대로 미 8군은 중공군이 공격을 하기도 전에 철퇴하여 주력이 보존되어 있는 상태였고,[49] 미 8군의 예비대는 부산이나 최전방과 부산 사이에 배치되어 있었다.[50]

45) 박명서, 앞의 논문, p. 124.

46) 중공군 19병단은 4차 공세부터 참전하게 되는데 3차 공세 시 유엔군의 상륙위협이 가중되자 서해안을 따라 이동 중에 대상륙방어 임무도 병행하여 수행했다.

47) 북한사회과학원 역사연구소, 『조선전사(26권)』(평양: 백과사전출판사, 1981), p. 260.

48) 박동구, 앞의 책, p. 301. 1951년 1월 8일 지원군 당위가 중앙군사위원회 및 가오강에게 보낸 보고내용. "적의 측후 상륙을 방지하기 위해 19병단을 압록강에서 구장까지의 예비대로 하여 기회를 보아 사용한다."

49) 당시 최전방에 배치된 미군은 24사단과 25사단뿐이었다. 나머지 미군은 전선 후방에서 예비 임무를 수행하거나 부산일대에서 전투력을 복원하고 있었다.

50) 행정부 정부기록보존소, 앞의 책, pp. 191-192. 팽덕회는 "적은 계획을 수정하여 일본과 국내에서 새로운 병사를 충원하여 약 4개 사단을 낙동강에 집결시켜 방위선을 구축하고 유럽에서 경험이 많은 부대를 충원했다. 함경도 방면에서 철수한 병력도 낙동강에 집결시켰다"라고 언급했다. 팽덕회의 입장에서는 인천상륙작전과 같이 낙동강 일대에 배치된 부대들이 유엔군의 예비부대이며 상륙작전을 감행할 준비를 하고 있다고 생각했던 것이다. 하지만 미 군사연구소(U. S. Army Center of Military History)에서 발행한 *Combat support in Korea*

이처럼 당시 중공군과 유엔군의 상황은 인천상륙작전 당시의 상황과 거의 유사했다. 인천상륙작전 당시 북한군의 주력은 거의 대부분 낙동강 방어선에 집중되어 있었고, 유엔군의 포격과 폭격으로 전투력은 점점 저하되고 있었으며, 후방에는 예비대를 보유하고 있지 않았다. 3차 공세 당시 중공군의 모습도 이와 비슷했다. 중공군의 주력은 서울을 점령하기 위해 서부전선에 집중되어 있었고, 후방에는 예비대를 보유하고 있지 않았다.

만약 중공군이 공격기세를 유지하여 미 8군의 주력을 추격했다면 인천상륙작전 당시와 같이 중공군의 후방은 유엔군에게 노출되어버릴 상황이었다. 즉 당시 중공군은 내·외부적 요인으로 인해 제2의 인천상륙작전을 우려할 만한 상황이었던 것이다.

이런 상황들을 종합하여 판단해 봤을 때, 팽덕회가 승기를 잡고서도 추격을 멈춘 것은 군사 지도자로서 어쩌면 당연한 조치였을지도 모른다. 비록 유엔군 사령부나 미 8군이 제2차 상륙작전을 계획하지 않았더라도 전장 상황(적, 아군, 불확실성)을 냉철히 판단(참모들과의 충분한 워 게임을 통한)한 후 추격을 멈춘 팽덕회의 조치는 "그럴 수도 있었겠구나!"라고 평가할 수 있다. 왜냐하면 수만 명의 생명을 책임지고 있는 최고 지휘관이라면 누구나 모든 경우의 수를 고려하여 차후행동을 결정해야 하기 때문이다.[51] 결국 인

(Washington D. C.: United States Government Office, 1987)의 V. Medical Corps, 6. Changing the Mission, p. 117에서는 "미 1육군이동병원은 중공군의 2차 공세에서 큰 타격을 입은 미 해병 1사단·미 7사단·미 2사단, 숙천·순천 공수작전에서 많은 사상자를 낸 187공수연대를 11월 초부터 경주에서 치료하기 시작했다"라고 기록하고 있다. 이 부대들은 팽덕회의 예상과는 달리 전투력 복원을 위해 낙동강 일대에 집결했다.

51) 팽덕회는 중공군의 3차 공세 당시 유엔군의 이유 없는 철퇴와 과도하게 신장된 보급로를 걱정하면서 유엔군의 2차 상륙작전을 걱정하고 있다. 팽덕회는 만약 추격을 중지하지 않는다면, 인천상륙작전에서 김일성과 같이 한순간에 모든 것을 잃어버릴 수 있는 상황에 직면할 수 있다고 생각하고 있었던 것이다.

〈표 4-7〉 중공군이 추격을 중지한 내·외부적 요인

구 분	주요항목	세부내용
내부적 요인	① 작전한계점 도달	1, 2차 공세 이후 각 군별로 30~50%의 병력 감소
	② 병참선의 신장	병력 피로, 식량 및 탄약의 부족
	③ 후방 예비대의 부족	유엔군의 상륙작전에 대비한 병력 부족
외부적 요인	① 미 8군의 철퇴	중공군을 유인하기 위한 기만기동
	② 미 8군 예비대의 집결[52]	낙동강 일대에 집결중인 유엔군의 예비대[53]
	③ 미 8군의 강력한 화력[54]	38도선 이남(평지)에서 추격할 경우 미 8군의 지상 및 공중화력으로 막대한 손실을 볼 수 있음. 19병단이 도착하기 전에 13병단의 전투력이 상실될 수 있음

천상륙작전으로 북한군의 주력이 모두 섬멸되었다는 과거의 경험이 전장의 불확실성을 증폭시켜 팽덕회의 추격중지 명령에 결정적인 영향을 미친 것이다.[55]

52) 자세한 내용은 각주 48 참조.

53) 육군본부 군사연구실, 앞의 책, p. 285. 미 8군 사령부는 1951년 1월 3일, 미 10군단(미 2사단과 미 7사단)을 중부전선에 급파했는데, 미 2사단과 미 7사단은 중공군으로부터 궤멸적인 타격을 받은 지 2개월 만에 전선에 다시 투입된 것이다. 중공군의 입장에서는 충분히 재편성을 위해 낙동강 일대에 집결한 부대들을 상륙작전을 위한 유엔군의 예비대로 오인할 수 있었다.

54) 홍인표, 앞의 책, p. 163. 3차 공세 당시 중공군 우익 부대는 한선초가 지휘했다. 그는 "중공군이 기동하면서 미군과 섞이면 미 공군기들은 자기네 병사들이 다칠까봐 감히 폭격을 하지 못할 것이다"라고 언급했다. 이처럼 유엔 공군의 폭격은 개활지에서 작전하는 중공군에게는 전투력 손실의 주원인이었다.

55) 당시 유엔군 사령부와 조·중 연합군 사령부는 서로의 상황을 모른 채 전투에 임하고 있었다. 유엔군 사령부는 지난 두 번의 전투에서 피해를 입었기 때문에 더 이상의 피해를 입지 않기 위해 철수 또는 철퇴를 한 것뿐이었는데, 팽덕회와 그의 참모들은 유엔군의 철수는 자신들을 깊숙이 유인하여 상륙작전을 감행하려고 하는 유인책으로 생각하고 있었다. 이는 당시 피·아의 상황판단에 인천상륙작전의 결과가 직접적인 영향을 미쳐 전장의 불확실성을 증폭시킨 결과라 할 수 있다.

제4절 중공군의 4차 공세

1. 유엔군의 1차 반격

1951년 1월 중순, 중공군의 3차 공세가 끝나자 중공군은 유엔군에게 신비로운 존재가 되어 버렸지만, 오히려 많은 피해를 입은 쪽은 중공군이었다. 왜냐하면 중공군은 3차 공세를 시작하기 전에, 이미 작전한계점에 도달한 상태였고, 3차 공세간에는 38도선과 37도선 사이의 평야지역에서 공격을 감행한 탓에 유엔군의 화력에 그대로 노출되어 버렸기 때문이었다. 반면에 유엔군은 중공군이 공격을 해오자 기계화 부대의 장점인 기동력을 최대한 발휘하여 철퇴했기 때문에 그다지 많은 피해를 입지 않았다.

하지만 중공군의 전투력이 3차 공세 이후에 급격히 저하됐음에도 워싱턴과 유럽에서는 휴전의 목소리가 흘러나오기 시작했다. 왜냐하면 당시 미 정부는 중공군의 전력을 과대평가한 나머지 중공군에게 일본 방위전력까지 모두 소진될까봐 걱정을 하고 있었고, 영국을 중심으로 한 유럽의 여러 국가들은 유럽에서 소련에 대항하고 있는 미군들이 한반도로 유입됨으로써 유럽방어선의 전력공백을 우려했기 때문이었다. 결국 워싱턴은 대내·외의 압력으로 철군이냐 확전이냐의 딜레마에 빠지게 되었다.[56]

미 정부는 유엔 참전국들과 논의를 진행하면서, 내부적으로는 불가피한 상황이 도래할 경우에는 인력과 물자의 손실을 최소화하면서 한반도에서 철수할 것을 결정하고, 철수시기를 중공군이 금강(金江)선에 진출하게 될 경우로 판단하고 있었다.[57] 그러나 전쟁지도본부와는 달리, 유엔사령관인 맥아더 장군의 생각은 달랐다.

---

56) 육군본부 군사연구소, 앞의 책, p. 294.

57) 위의 책, p. 295.

합참으로부터 미군의 철군정책을 통보받은 맥아더는 전쟁에서 싸워 이길 의지를 상실한 것이라며 합참을 비판하고 다음과 같이 미 합참과 정반대의 보복조치를 주장했다.[58]

① 중국해안 봉쇄

② 중국의 기간 산업시설을 해·공군의 폭격으로 파괴

③ 타이완 군을 유엔군으로 참전

④ 타이완 군의 중국본토 상륙공격 허용

미 합참과 유엔군 사령부가 자신의 입장만을 내세우며 설전을 하는 동안, 새로 미 8군 사령관에 부임한 리지웨이 장군은 실추된 미군의 사기를 향상시키고 중공군의 실체를 파악하기 위해 위력수색을 실시했다.

이 위력수색의 작전명은 울프하운드(Wolfhound)였다. 리지웨이 장군은 1951년 1월 15일 아침, 미 1군단 예하 미 25사단 27연대를 위력수색 부대로 선정하여 평택－오산을 연결하는 1번 도로를 따라 수원방향으로 조심스럽게 공격을 지시했다. 이와 동시에 27연대의 동쪽 측방을 엄호하기 위해 미 3사단의 1개 연대와 국군 1사단 1개 대대를 안성－용인 방향으로 진출시켜 수원－용인 간의 42번 도로를 차단하게 했다. 양개 연대가 오산에 진출할 때까지는 적의 흔적을 찾아볼 수 없었지만, 수원에 도착하자 적의 강력한 저항이 시작되었다.

---

58) 채한국 외 2명, 『한국전쟁(중)』(서울: 국방군사연구소, 1985), pp. 311-312(참조 재인용).

그러나 적의 저항은 그리 오래가지 않았고, 적의 화력이나 반격 전력도 예상외로 미비했다. 이는 분명히 중공군의 전투력이 많이 저하되어 있고, 보급에도 많은 문제점을 가지고 있음을 의미하는 것이었다. 이로써 리지웨이 장군은 적은 새로운 공세를 준비하고 있는 것이 아니라, 저하된 전투력을 복원하고 있다는 사실을 깨닫게 되었다.[59)]

울프하운드 작전을 작전적 측면에서 볼 때, 결코 크지 않은 연대 규모의 부대도 적절한 시기와 장소에 투입될 수만 있다면 전장의 분위기를 전환시키는 결정적인 계기를 조성할 수 있다는 사실을 증명했고, 또한 전략적인 측면에서도 철군문제를 검토하기 위해 방한했던 미 육군 참모총장 콜린스(Lawton J. Collins) 대장이 지켜보는 가운데 실시되어 위력수색의 성공은 철군문제를 해결하는 계기가 되었다.[60)]

유엔군은 울프하운드 작전으로 중공군이 수원–이천을 연하는 선 북쪽에 배치되어 있다는 사실과 중공군은 화력 및 보급이 매우 열악한 상태에 있다는 사실을 확인하고, 1951년 1월 25일부터 반격작전을 시작했다.

이 반격작전(작전명은 썬더볼트(Thunderbolt))은 오산과 여주를

---

59) 전종순, "중공군 정월공세 시 리지웨이와 팽덕회의 작전지도", 『군사』 45호(2002), pp. 88-89; 홍성태, 앞의 책, p. 178; 육군본부 군사연구실, 앞의 책, pp. 311-312. 리지웨이 장군은 미 8군이 공세를 취해도 중공군이 아무런 반응이 없자 고심에 빠지게 된다. 그러던 중 리지웨이는 중공군이 6·25전쟁에 참전한 이후에 실시한 중공군의 공세들을 분석하게 된다. 그 결과 그는 중공군의 공세기간은 모두 1주일이라는 놀라운 사실을 발견하게 된다. 또한 중공군이 다음 공세를 위해서는 한 달 동안의 준비기간이 필요하다는 사실도 발견했다. 결국 리지웨이는 중공군의 보급체계가 낙후되어 있기 때문에 전투지속능력이 짧다는 중요한 사실을 알아냈다.

60) 日本陸戰史普及會, 『韓國戰爭(7권)』(東京: 日本陸戰史普及會, 1986); 『유엔군의 재반격』, 이원복 역(서울: 명성출판사, 1991), pp. 19-68.

<요도 4-8> 썬더볼트 작전계획

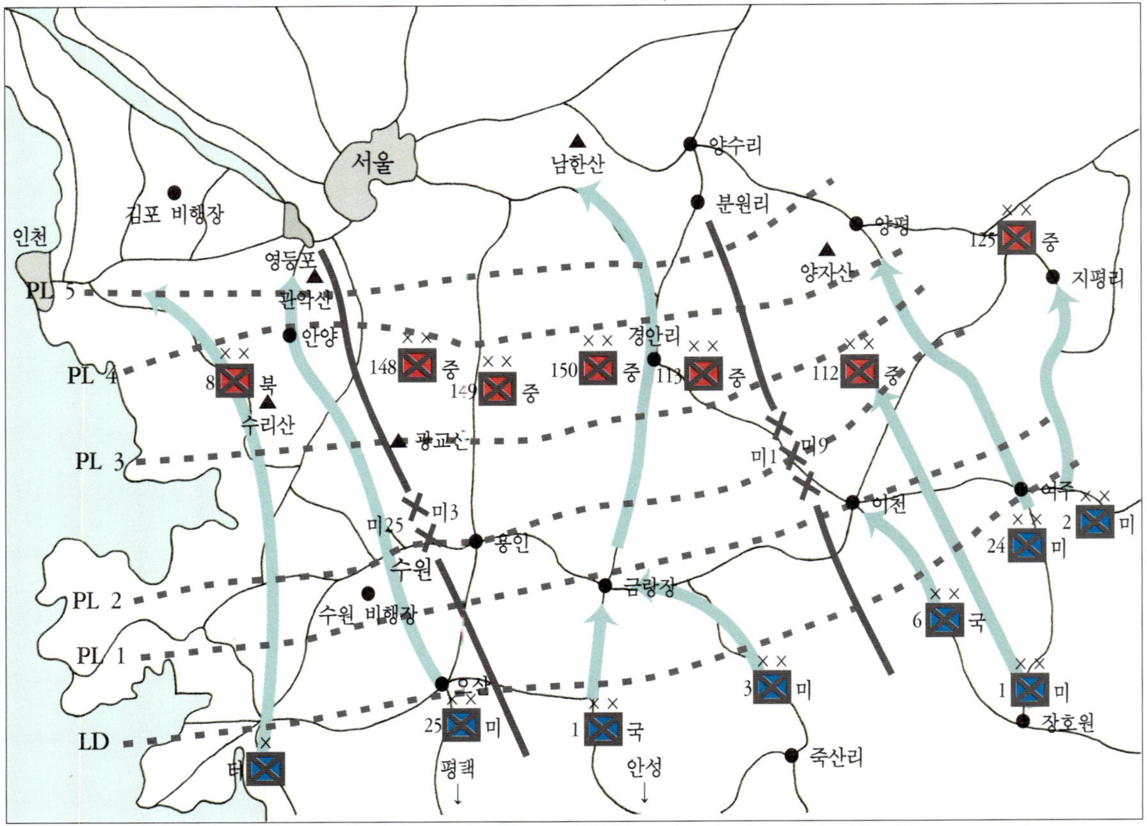

연하는 서부지역에서 한강까지의 구간에 5개의 통제선을 설정하여, 미 1군단과 미 9군단이 각각 1개 사단을 앞세워 통제선을 차근차근 점령해 나간다는 일종의 제한된 목표를 공격하는 작전이었다.

리지웨이 장군은 도로를 따라가는 방식의 작전을 과감히 탈피하고, 부대의 좌우가 완전하게 연결되고, 협조된 상태에서 전진하도록 지시했다. 또한 선정된 5개의 통제선에서 적을 우회함이 없이 완전 섬멸한 후, 통제선을 통과할 때는 군단장의 사전승인을 받도록 통제했다. 이와 같은 특이한 형태의 작전형태를 북한군은 직선전법(直線戰法)이라고 했으며, 중공군은 자성전술(磁性戰術)이라고 불렀다.[61)]

적의 저항은 오산, 수원, 이천 등에서 완강했으나, 전반적으로 볼 때는 경미한 수준이었다. 이에 리지웨이 장군은 1월 31일(미 1군단과 미 9군단의 공격이 안양－양평 선에 이른 시점) 부로 미 1군단(좌측부대)과 미 9군단(우측부대)에게 주력을 투입하여 공세로 전환하라고 명령하기에 이른다.

그 결과 미 1군단과 미 9군단은 2월 10일에 한강 북쪽에 도달했다. 그러나 리지웨이 장군은 "유엔군의 전력이 중공군에 비해 월등히 우세하지 못한 상황하에서 서울을 점령하는 것은 군사적으로 큰 의미가 없다. 오히려 미약한 전투력을 강북에 배치할 경우, 배후의 한강이 배수진의 형태가 되어 불리할 것이다"[62)]라고 판단했다. 따라서 서울을 점령하기 위해서는 먼저 중부지역의 전선을 양평－홍천을 연하는 선까지 북상시키고, 이어서 남양주－가평 선을 점령함으로써, 서울의 동쪽 측방을 포위한 후에 한강을 도하하기로 했다. 이에 따라 전선은 서부지역에서 중부지역으로 옮겨지게 되었다.

61) 홍인표, p. 196.
62) 육군본부 군사연구실, 앞의 책, p. 307.

썬더볼트 작전에 이어 리지웨이 장군은 중・동부 전선을 북상시키기 위해 라운드 업(Round Up) 작전을 구상하게 된다. 왜냐하면 중・동부 지역의 전선을 북상시키면서 홍천 일대에서 중공군 주력을 포착하여 섬멸한다면, 서울 탈환에 있어서 보다 유리한 상황을 조성할 수 있었기 때문이었다. 이에 리지웨이 장군은 1월 말, 중부 지역에 배치된 미 10군단에게 적극적인 공세를 취하도록 명령했다.

그러나 중공군의 입장에서는 더 이상 물러설 수 없었다. 왜냐하면 중부전선에서 유엔군의 공격으로 돌파구가 형성된다면 서울의 동측이 위협을 받아 유엔군에게 서울을 뺏길 가능성이 컸기 때문이었다. 당시 중공군에게 있어서 서울은 정치적으로 중요한 의미를 지녔기 때문에,[63] 조・중 연합군 사령관인 팽덕회는 서부지역에서는 유엔군의 반격을 한강을 이용하여 저지하고, 중공군과 북한군을 중부전선에 집결시켜, 홍천 및 횡성 일대에서 유엔군 1~2개 사단을 격멸하기로 계획했다. 결국 홍천과 횡성일대에서 유엔군과 조・중 연합군의 일전은 피할 수 없게 되었다.

1월 31일, 미 8군으로부터 공격명령을 접수한 미 10군단은 우선 위력수색을 통해 적의 상황과 전력을 알아보기로 계획했다. 이에 미 2사단 23연대 전투단은 문막–지평리 방향으로, 기갑부대는 원주–횡성 방향으로 접적전진을 실시하게 된다. 기갑부대는 2월 2일에 원주를, 23연대 전투단은 2월 3일에 지평리를 각각 점령했으나 중공군의 뚜렷한 공격징후는 포착되지 않았다. 그러나 기갑부대가 횡성에서 홍천으로 북상하자 적의 저항이 점차 치열해졌다.

---

63) 앞의 책, pp. 296-297. 중공군의 4차 공세 전, 미국과 영국은 중국에 휴전을 제안하지만 모택동은 과감히 이들의 휴전제의를 거절한다. 왜냐하면 그만큼 중공군의 공격기세가 강력하여 전장에서 주도권을 가지고 있었기 때문이었다. 하지만 만약 조・중 연합군이 유엔군의 반격으로 서울을 빼앗기게 된다면 정치적인 측면에서 주도권을 상실하기 때문에 서울은 중국의 입장에서는 무척이나 중요했다.

왜냐하면 교통의 중심지였던 홍천은 유엔군과 중공군 모두에게 전략적으로 매우 중요한 지역이었기 때문이었다. 이에 미 10군단장 알몬드 장군은 홍천으로 적의 증원을 분쇄하고, 아군의 전선을 홍천－대관령－강릉 선으로 북상시켜, 차기공격에 유리한 발판을 형성할 목적으로 국군 3군단(동부전선을 책임지고 있는 미 10군단의 우측부대)과 협조된 공격을 실시했다.

2월 5일에 시작된 국군 3군단의 최초 공격은 순조롭게 진행되었으나, 삼마치 고개에 도착하자 중공군 66군 198사단의 강력한 저항을 받기 시작했다. 국군 3군단은 전차, 포병, 공군의 지원을 받아 2월 10일까지 삼마치 고개를 공격했으나 돌파하는 데는 실패하고 말았다.

2. 중공군의 4차 공세 1단계 작전

썬더볼트 작전에 이어, 유엔군의 라운드 업 작전이 시작되자 팽덕회는 유엔군의 공격기세를 저하시키고 주도권을 탈취하기 위해 중부전선에서 유엔군 1～2개 사단 규모를 격멸시키기 위한 공세를 준비했다. 이때 조·중 연합군의 공격목표는 지평리와 횡성으로 정해졌는데, 왜냐하면 유엔군 전선에서 지평리와 횡성이 돌출되어 있었기 때문이었다.

팽덕회는 지평리와 횡성을 비교하여 기동력과 화력이 비교적 열세한 국군 8사단과 국군 3사단이 배치된 횡성을 먼저 공격한 후, 이어서 미군이 배치된 지평리를 공격하고, 전선을 원주－충주 방향으로 확대하기로 결정했다.[64] 팽덕회는 2월 11일 20시 30분, 중공

64) 한국전략문제연구소, 앞의 책, pp. 96-117.

군 9개 사단을 국군 8사단과 국군 3사단이 방어 중인 횡성 북방에 투입했다. 중공군의 후방침투와 제파식 공격이 시작되자 3시간 만에 국군 8사단은 붕괴되어 버렸다. 이로 인해 후방에서 국군 8사단을 지원하던 미군 부대들도 중공군의 기습을 받게 되고, 모든 장비를 유기한 채 삼삼오오 후퇴하기 시작했다. 동시에 국군 3사단은 2월 12일 9시경, 중공군 197사단을 먼저 발견하고 공격을 시도했으나, 중공군의 증원부대에 의해 퇴로가 차단되었다. 그러나 국군 3사단은 부대건제를 유지하여 중공군 198사단과 북한군 5군단 예하 부대들을 견제하면서 횡성 동남쪽으로 철수했다. 국군 3군단이 추격하던 중공군 66군을 적절히 견제해 주었기 때문에 횡성 후방으로 진출한 후, 미 10군단의 퇴로를 차단하려 했던 중공군의 의도가 좌절되었다. 만약 국군 3군단의 지연작전이 성공하지 못했더라면, 아마 중공군의 1, 2차 공세처럼 미 10군단은 막대한 피해를 입었을 것이다.

중공군의 공격으로 미 10군단은 지평리-원주를 연하는 선으로 철수하여 새로운 방어선을 구축해야만 했다. 그러나 지평리는 미 9군단과 미 10군단의 접합점인 곳인데 만약 미 23연대 전투단이 철수할 때, 중공군이 들이닥치면 서부전선의 미군 부대들의 후방이 포위당할 위험에 처할 수도 있는 상황이었다. 이에 미 8군사령부와 미 10군단은 미 23연대 전투단으로 하여금 지평리를 고수하라고 명령을 하달하게 된다.

2월 12일, 중공군은 지평리 남쪽의 곡수리를 차단함으로써 지평리를 고립시키고 유엔군의 철수 및 증원에 대비한 강력한 저지선을 구축했다. 이때 중공군은 자신들이 지평리를 공격하면, 유엔군은 진지를 버리고 철수할 것으로 판단하고 유엔군이 이동할 때 치명적인 공격을 감행할 생각이었다.

2월 13일 야간에 중공군은 손에 횃불을 들고 지평리를 포위하기

〈요도 4-9〉 중공군의 지평리 공격계획

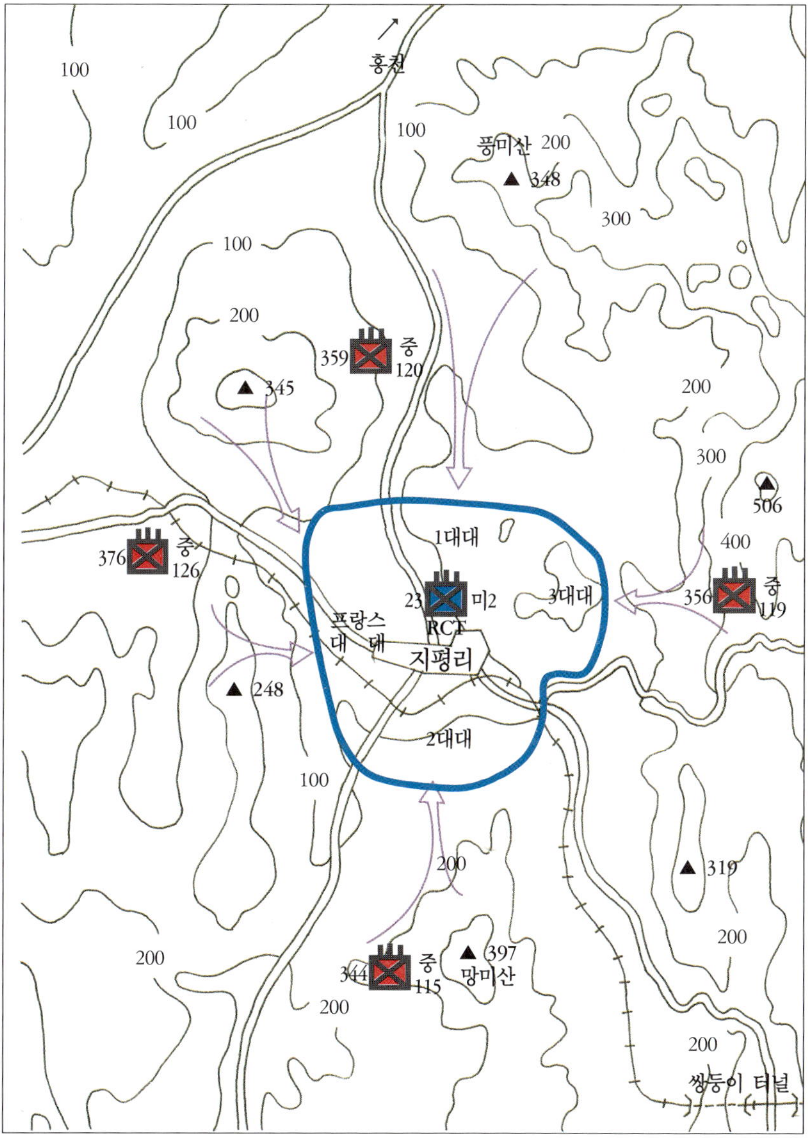

시작했다. 쌍방 간에 치열한 화력전투를 시작으로 본격적인 진지쟁탈전이 시작되었다. 중공군은 4개 연대를 투입하여 지속적으로 미 23연대 전투단을 압박했다. 이 공격은 15일까지 계속되었다.

이에 리지웨이 장군은 2월 13일, 미 10군단의 38연대와 미 23연대와의 연결작전을 시도했으나 중공군의 강력한 저항으로 실패하고 말았다. 그러자 리지웨이 장군은 미 9군단에게 미 23연대 전투단의 구출작전 임무를 부여했다. 미 9군단장은 장호원에 예비로 있던 미 1기병사단 5연대를 전차와 포병으로 증강(크롬베즈 특수임무부대)시켜 지평리로 투입했다.

2월 15일, 크롬베즈 대령이 지휘하는 크롬베즈 특수임무부대는 항공기와 포병의 강력한 엄호 아래 지평리를 향해 출동했다. 크롬베즈 특임대가 기동하는 동안 자체화력과 포병 및 공군의 근접지원사격이 지속되자 지평리 주변에 모여든 중공군의 전투력은 저하되기 시작했다. 또한 유엔군의 증원부대가 지평리 부근에 속속 집결하자, 중공군은 결국 지평리 점령을 포기하고 또 다시 어디론가 사라져 버렸다.[65)]

중공군이 철수한 이유는 크게 두 가지로 요약할 수 있다. 첫째, 중공군은 단일 지휘체계를 갖추지 못했다. 지평리 전투에서 획득한 포로의 증언에 의하면 지평리에 투입된 부대는 중공군 40군 예하 119사단과 120사단에서 각각 1개 연대, 39군의 115사단과 116사단에서 각각 1개 연대, 42군의 126사단에서 2개 연대 등 총 6개 연대였다고 한다. 공격 제대가 각 군단에서 차출된 사단으로 급조되어 전투력을 집중하지 못했기 때문에 미 23연대 전투단의 방어진지를 돌파할 수 없었던 것이다.[66)]

---

65) Gugeler, Russel A, *Combat Actions in Korea*(Hawaii: University Press of the Pacific, 1987), pp. 126-136.

66) 박동구, 앞의 책, pp. 368-371. 팽덕회는 지평리 전투의 실패요인으로 유엔군

<표 4-8> 중공군 39 · 40 · 42군의 전투지속능력 판단[67]

<table>
<tr><th>구 분</th><th>부대이동</th><th>공격준비[68]</th><th>횡성 전투 시작</th><th>지평리 전투 시작</th><th>중공군 철수</th></tr>
<tr><td rowspan="2">일 자</td><td rowspan="2">2월 5일</td><td>2월 10일</td><td>2월 11일</td><td>2월 13일</td><td>2월 15일</td></tr>
<tr><td colspan="4">실질적인 전투 지속일자: 6일</td></tr>
</table>

둘째, 미 23연대 전투단이 지평리에서 중공군의 공격을 3일간 견디자 중공군의 전투지속능력은 급격히 저하되기 시작했다.[69] 왜냐하면 중공군이 횡성 전투를 시작한 지 1주일이 지났기 때문이다. 1주일이 지나자 중공군의 식량과 탄약은 고갈되었으며, 유엔군의 폭격과 포격으로 보급품을 전방으로 추진할 수도 없었다.

이처럼 중공군이 참전 이래 지평리에서 첫 번째 패배한 이유는 중공군의 전술적 과오 및 미비한 보급체계, 그리고 유엔군의 화력으로 인해 그들의 작전지속능력이 초과되었기 때문이었다.[70]

3. 유엔군의 2차 반격

지평리 전투가 유엔군의 승리로 돌아가자, 유엔군은 중공군과 싸워서 이길 수 있다는 자신감을 획득하게 되었다. 이에 리지웨이

의 강력한 화력, 중공군의 경적사상, 단일 지휘체계의 부재를 들었다. 하지만 무엇보다도 유엔군의 화력은 지평리를 공격하는 중공군에게는 치명적이었다. 그만큼 평지에서 작전하는 중공군은 유엔군의 화력에 취약했다.

67) 홍성태, 앞의 책, pp. 133-134.

68) 김경현 · 김순수, 『한국전쟁 시 중공군 전술 분석 및 평가』(서울: 화랑대 연구소, 2004), p. 53.

69) 육군본부 군사연구실, 앞의 책, pp. 322-323. 중공군은 군우리 전투에서의 미 2사단처럼 미 23연대 전투단이 고립방어를 하지 않고 후방으로 철수할 것으로 판단하고 있었다.

70) 육군본부 군사연구실, 앞의 책, pp. 365-372.

장군은 제2차 반격을 계획하게 된다.

지평리 전투가 끝난 후, 동부전선의 제천-영월을 연하는 지역이 과도하게 남하되어 있었다. 이에 리지웨이 장군은 적에게 새로운 공격을 준비할 시간적 여유를 주지 않으면서 제천-영월 지역의 적 주력을 포위・섬멸하기 위한 즉각적인 반격작전을 실시했다. 이 작전의 목적은 적의 주력을 포위・섬멸하는 데 있었으므로 작전명은 도살작전(Killer Operation)으로 명명되었다. 이에 따라 2월 21일 미 9군단은 원주-횡성 방향으로, 국군 3군단은 제천-평창 방향으로 각각 공격했으나 갑자기 기상이 악화되어 항공지원이 불가능해지자 중공군의 주력을 섬멸하지는 못했다. 하지만 미 9군단, 미 10군단, 국군 3군단이 3월 6일에 양평-횡성-속사리-강릉을 연하는 선에 진출하자 도살작전은 종료되었다.

도살작전이 끝나자 세계의 관심은 언제 서울을 탈환할 것인가에 초점이 맞춰지기 시작했다. 당시 리지웨이 장군은 서울을 점령하고 있는 중공군의 전투력이 강해 서울을 직접 공격하는 것은 위험요소가 많다고 판단했다. 그래서 현 전선의 중앙인 횡성으로부터 홍천-가평 및 춘천 방향으로 대규모의 돌파구를 형성해, 서부의 중공군과 동부의 북한군을 분리시킨 후, 서울을 동쪽에서 포위하는 간접접근전략으로 절단작전(Ripper Operation)을 계획했다.

3월 7일, 미 9군단은 용문산-홍천을 향해 공격을 개시했다. 공격이 개시되자 중공군의 전선은 급격히 붕괴되기 시작했다. 그 결과 군단의 주공인 미 1해병사단은 3월 14일 홍천 외곽까지 진출했다. 네 차례의 전투로 이미 전투력이 저하된 중공군의 저항은 매우 미비했다. 결국 중공군은 3월 21일, 미 1기병사단에게 춘천을 내줌으로써 양평-춘천 선을 확보하고자 했던 유엔군의 절단작전은 소기의 성과를 거두게 되었다.

4. 중공군의 4차 공세 2단계 작전

4차 공세 1단계 작전에서 중공군은 유엔군의 화력으로 많은 피해를 입었다. 이미 3차 공세에서 각 군의 30~50%까지 전투력이 저하된 상태였기 때문에, 더 이상 전투가 불가능한 상태였다. 팽덕회는 본국에서 증파된 19병단, 3병단과 전투력 복원 중인 9병단이 38선 부근에 전개를 완료할 때까지 유엔군의 공격을 저지해야만 했다. 그 결과 팽덕회는 모든 병력과 장비를 2선으로 배치하는 기동방어로 전환했다.

당시 3병단과 9병단의 전개완료 예상 시기는 4월 초였기에, 팽덕회는 2달의 시간을 벌어야만 했다. 이에 팽덕회는 북한군 1군단, 중공군 50군, 38군, 42군, 66군과 인민군 5, 2, 3군단 등 모두 8개 군단을 1제대로 편성하여 1개월간 시간을 벌게 하고, 북한군 1군단 19사단, 중공군 26군, 40군, 39군을 2제대로 편성하여 2방어진지를 구축하게 했다.[71)]

탄약이 떨어지자 벽돌을 집어던지는 중공군

이때 팽덕회는 유엔군의 화력을 대비하여 병력은 전경후중(前輕後重)의 원칙을, 화력은 전중후경(前重後輕)의 원칙을 적용하도록 하였다.[72)] 이는 화력이 강한 유엔군을 상대할 때는 최전방의 병력을 최소한 배치하고, 그

71) 박동구, 앞의 책, pp. 400-401.
72) 한국전략문제연구소, 앞의 책, pp. 127-128.

대신 화력을 강하게 배치하여 병력을 보존하고 적의 병력을 최대한 살상한다는 이중 목적의 작전방침이었다. 동시에 저격과 역습, 매복, 습격 등 각종 수단을 총동원해 진지마다 상대의 공격을 방어하거나 상대를 대량살상하게 하여 적의 진출을 최대한 저지하게 했다. 2달의 시간을 벌어야 했던 조·중 연합군의 입장에서는 최상의 방책이었던 것이다.

이후 조·중 연합군은 기동방어를 적절히 구사하여 2개월간 유엔군의 자성전술을 저지했으며, 결국 3병단, 9병단 및 19병단은 안전하게 5차 공세를 위해 각자의 위치에 전개를 완료했다.[73)]

5. 중공군의 4차 공세에 영향을 미친 인천상륙작전

중공군의 4차 공세는 2단계로 나눌 수 있다. 1단계는 유엔군의 1차 반격부터 지평리 전투까지이고, 2단계는 지평리 전투 이후부터 3병단, 9병단, 19병단의 전개가 완료될 때까지이다. 어떻게 보면 중공군의 4차 공세는 지금까지의 전역과는 판이하게 수세적 입장에서 진행되었다. 왜냐하면 중공군 13병단은 이미 작전한계점에 도달해 있었고, 보급에서도 유엔군의 폭격으로 인해 많은 문제점이 발생했기 때문이었다.

그럼에도 중공군은 1단계 작전에서 과감한 포위공격을 통해 유엔군의 공격기세를 꺾으려고 했고, 2단계 작전에서는 기동방어를 통하여 적의 진출을 최대한 저지하려고 했다. 전투력이 극도로 저하된 상태에서 이런 작전을 구사한다는 자체가 경이로운 일이었다.

그러나 중공군의 입장에서는 신경써야 할 부분이 또 있었다. 바

---

73) 박동구, 앞의 책, p. 117. 19병단은 2월 15일에 북한에 투입되었고, 3병단은 4월 초에 38선 이북지역에 도착했다.

로 유엔군의 상륙작전을 대비하는 것이었다. 하지만 당시 대부분의 중공군은 전투력이 이미 30~50%까지 저하되었기 때문에 후방에 배치할 가용부대가 없었다. 따라서 북한군이 후방방어를 책임지게 되었다. 당시 북한군 지도부에서는 4차 공세를 성공적으로 수행하기 위해서는 전선부대들의 타격력을 증강시키는 데 힘을 쓰는 한편, 세 차례의 작전 결과 길어진 동서해안 지대의 방어를 위해 예비대를 투입하도록 했고, 또한 전선의 일선 부대를 전환시켜 동해안의 방어를 강화하게 했다.[74]

그렇다면 4차 공세 당시 조・중 연합군은 유엔군의 상륙 위협을 어떻게 대비했는지에 대해 우선 중국 측 자료를 살펴보도록 하자.

> ① 측후의 안전을 보장하기 위하여 북한군에게 동서 해안의 방어임무를 부여함과 동시에 원산지구의 지원군 9병단 주력에게는 동해안 방어임무를 부여했다.[75]
>
> ② 지원군은 상대의 자성전술에 직면하고 있다. 리지웨이는 중국군으로 하여금 남하하도록 유인하고 있으면서, 우세한 공군 및 해군력을 이용하여 해안 양측으로 중국군의 주력을 협격하는 전략을 시도하고 있는 것으로 보여, 이제 한반도 전장의 형세는 전장 지휘관의 새로운 결정을 필요로 하고 있다.[76]
>
> ③ 1월 29일 19시, 모택동과 팽덕회의 전보내용: 4차 전역을 위한 부대배치

74) 육본정보참모부, 『북괴 6・25 남침 분석』(서울: 육군본부, 1970), p. 300. 동서 해안 방어를 위해 북한군은 북한군 4군단(평양)과 6군단(황해도)을 서해안에, 7군단(원산), 8군단(함흥), 그리고 3군단의 일부 부대를 동해안에 배치하여 유엔군의 상륙작전에 대비했다.

75) 홍인표, 앞의 책, p. 184; 박동구, 앞의 책, p. 107(참조 재인용).

76) 위의 책, p. 247(참조 재인용).

"8. 쏭스룬 병단은 평양, 서울, 인천, 수원지역으로 이동하여 휴식과 정비를 하고 이 지역을 확실하게 담당하고, 적의 인천과 진남포 상륙을 방지한다."[77]

④ 인민군 1군단은 김포, 인천항, 영등포, 서울 지역에 위치하여 해안방어 및 서울 수비임무를 담당한다.[78]

다음으로 북한 측 자료에서 4차 공세 당시 유엔군의 상륙작전에 대비한 조치들을 살펴보도록 하자.

① 4차 작전기간 동안 계속해서 동서해안을 방어하며 전선의 좌우익의 위협을 제거하기 위해 해군의 활동을 더욱 강화시켰다.[79]

② 김일성은 해안방어의 의의와 전략 전술적 원칙을 밝히고, 각 병종들 사이에 협동을 실현할 것과, 민간 무장력까지 통일적으로 지휘할 수 있는 체계를 수립하여 긴 해안을 빈틈없이 방어하도록 지시하였다.[80]

③ 부대의 전투동원준비를 철저히 갖추자. 부대원들에게 맡겨진

---

77) 박동구, 앞의 책, p. 366. 실제로는 4차 공세 1단계 작전 시 9병단 26군만이 서해안으로 이동했다. 홍학지의 회고록 180쪽을 보면 9병단 예하 26군이 2단계 기동방어 시 재편성을 완료하고 북한군 1군단의 후방에 배치되어 있다. 이는 26군을 북한군 1군단 19사단의 방어지역에 증원하여 2선을 강화하고 동시에 유엔군의 상륙작전을 방어했을 가능성이 높다(참조 재인용).

78) 한국전략문제연구소, 앞의 책, p. 106; 홍성태, 앞의 책, p. 119(참조 재인용).

79) 북한사회과학 역사연구소, 앞의 책, p. 332. 해군사령부 예하 연합부대 해군은 기뢰 부설전을 적극적으로 벌임으로써 유엔군의 함선을 격침시키고, 동서해안으로 상륙하려는 유엔군의 기도를 저지하였으며, 또한 동서해안의 해군기지를 강화하고 다수의 해안포병대를 조직함으로써 해안방어를 강화하였다(참조 재인용).

80) 위의 책, pp. 343-344(참조 재인용).

전투임무는 이 지대에 투하되는 적 항공 육전대와 서해에서 상륙하는 적들을 소멸함으로써 서해안을 방어하고 평양을 튼튼히 보위하는 것이다.[81)]

④ 적이 상륙할 수 있는 곳에 전투력을 배치하고 교차화력을 조성하여 적이 상륙하기 전에 바다에서 격퇴시켜야 하며, 육지에 상륙한 적은 신속히 반격으로 소멸시켜야 한다.[82)]

⑤ 유엔군이 전선 중부에서의 교통 중심지이며 군사적 요충지인 '철의 삼각지대'를 점령하고, 동서 해안에 대한 상륙작전에 배합하여 북한 깊숙이 공격을 확대하려고 한다.[83)]

⑥ 미군은 미국 본토로부터 일본으로 이동시킨 미 보병 40, 45사단과 11항공 육전사단으로 16군단을 편성하고 상륙작전훈련을 강화하고 있다. 그리고 4월 중순에도 병력을 보충하는 한편, 전투정찰과 상륙작전준비를 강화하면서 대공세를 강행할 기회를 노리고 있다.[84)]

위의 내용을 살펴보면, 4차 공세 당시 조·중 연합군 사령부에서의 공통적이고도 확고한 인식은 전선에서의 승리를 공고히 하기 위해서는 해안을 튼튼히 방어해야 한다는 것이었다.[85)] 이런 인식은 전선이 38선 부근에 형성되어 병참선이 신장된 1951년도에 들어서부터 증폭되었다고 할 수 있다.

---

81) 김일성, 『김일성 저작집(6권)』(평양: 조선노동당 출판사, 1980), p. 340(참조 재인용).

82) 북한사회과학 역사연구소, 앞의 책, p. 344(참조 재인용).

83) 위의 책, p. 349(참조 재인용)

84) 위의 책, pp. 350-351(참조 재인용).

85) 김행복, "한국전쟁 시 유엔군의 상륙작전이 공산군에 미친 영향", 『군사』 28호, p. 199.

<표 4-9> 1단계 작전 후 팽덕회의 판단 / 조치

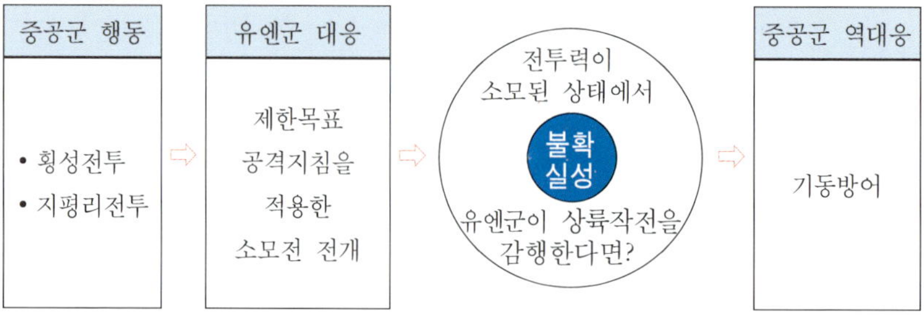

이는 새로 투입된 19병단을 1951년 3월 10일부터 18일 사이에 황해도 일대에 전개시키고,[86] 재편성을 마친 9병단 20군과 27군에 동해안 방어임무를 부여한 사실에서도 쉽게 드러난다. 그만큼 조·중 연합군 사령부에서는 유엔군의 상륙작전을 우려했던 것이다.

또한 리지웨이 장군의 '제한목표 공격지침'[87]은 중공군에게 유엔군의 상륙위협을 가중시켰다. 리지웨이 장군은 중공군이 항상 우회기동을 통해 유엔군의 후방을 노린다는 점과 낙후된 보급체계로 전투지속일이 1주일을 넘지 못한다는 점에 착안하여 '제한목표 공격지침'을 하달하게 된다. 이 작전지침은 중공군의 우회기동을 원천봉쇄할 수 있었으며, 강력한 화력을 통해 소모전을 전개하여 중공군의 전투지속능력을 저하시킬 수 있는 일석이조의 효과가 있었다.

리지웨이 장군의 작전지침은 다음과 같은 절차에 의해 시행되었다. 첫째, 화력과 기동력에 의한 살상전술을 통해 중공군의 인해전술에 대항한다. 둘째, 작전의 주목표는 아군손실을 최소화하고 적의 인원, 물자에 최대의 출혈을 강요한다. 셋째, 공격은 최초 소부대로 위력수색을 실시하고 적정이 확인되면 전면공격으로 확대한다. 넷째, 공격간 인접부대와 횡적협조를 긴밀히 유지하여 축차적인 공

86) 육본정보참모부, 앞의 책, p. 300.
87) 육군사관학교, 『한국전쟁사 부도』(서울: 일신사, 1998), p. 138.

격을 실시하고 적을 우회함 없이 완전히 섬멸한다. 다섯째, 중공군의 공세가 시작되면 모든 부대는 반드시 적과의 접촉을 유지하면서 사전 계획된 축차방어선으로 질서 있게 후퇴하여 적의 우회기동을 허락하지 않는다. 여섯째, 후퇴간 적과 접촉을 지속적으로 유지하고, 적을 아군의 화망으로 유인하여 집중 강타한다. 일곱째, 적이 공격한계점에 도달하면 지체 없이 반격으로 전환, 지속적인 기동전을 수행하여 적의 소모와 출혈을 강요한다. 이 지침은 시종일관 중공군과 접촉하면서 소모전을 전개하여 중공군의 예비부대를 전선으로 유입시키는 효과가 있었다.[88)]

리지웨이 장군의 '제한목표 공격지침'은 시간이 지날수록 중공군에게 불확실성을 증폭시켰다. 중공군은 철저한 횡적협조가 이루어진 미 8군의 전선을 돌파하지 못했다. 이로 인해 미 8군과 중공군은 전 전선(대부분 평지인 38선 부근)에 걸쳐 대치하게 되었고, 중공군은 유엔군의 화력에 많은 피해를 입게 되었다. 그 결과 중공군 전방부대의 전투력은 약화되어 후방의 병력들을 차출하여 계속해서 전방으로 투입해야만 했다. 그 결과 중공군 후방의 방어배치는 약화되었고, 유엔군의 상륙위협은 가중되었다. 설상가상으로 유엔군 공군이 군수지원차단작전을 전개함으로써 30~40%의 보급품이 전선에 도착하지 못해, 유엔군과 대치중인 중공군의 전투지속능력은 하루가 다르게 저하되었다.

어찌 보면 중공군의 입장에서는 몇 달 전 낙동강 방어선의 북한

88) 한국전략문제연구소, 앞의 책, p. 105. 중공군의 입장에서는 강력한 화력과 함께 일오로 접근해 오는 유엔군의 자성전술과 화해전술은 치명적이었다. 왜냐하면 이미 공격한계점에 도달한 중공군이 전 전선에 걸쳐 유엔군의 공격을 저지해야 했기 때문이었다. 그 결과 중공군의 전투력은 전 전선에 걸쳐 분산될 수밖에 없었고, 병참선의 신장 및 유엔군의 화력으로 인해 생기는 전투력 저하로 유엔군의 공격을 반격할 역량을 확보할 수가 없었다. 그저 지원부대가 도착하기만을 기다릴 수밖에 없었던 것이다.

〈표 4-10〉 중공군이 판단한 유엔군의 자성/화해전술 분석[89]

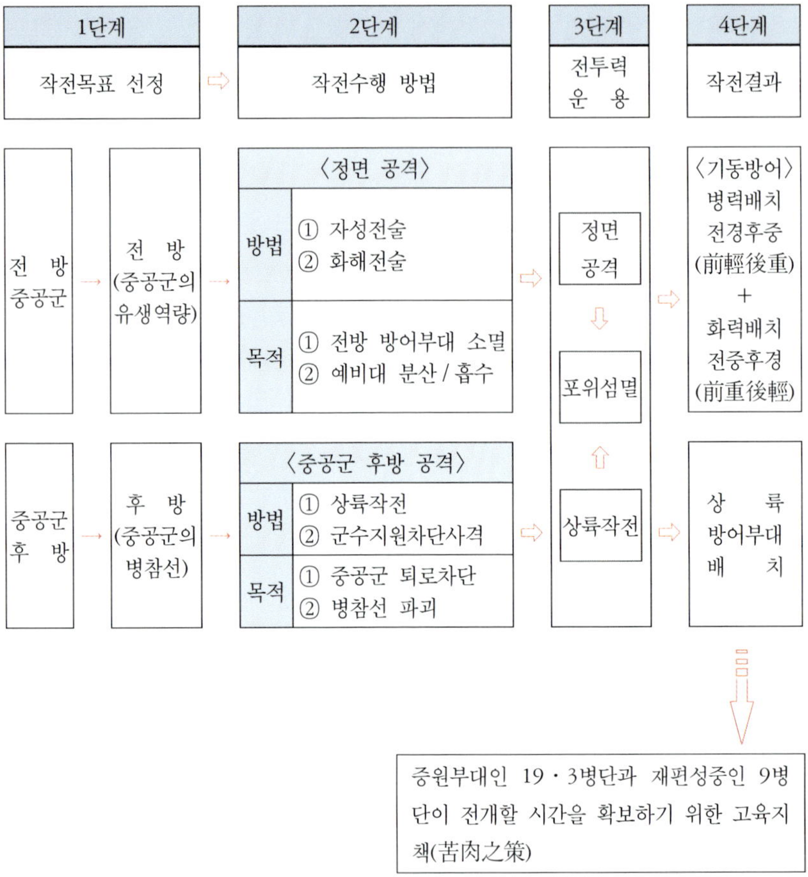

군 상황과 다를 바가 없었다. 그래서 중공군은 기동방어를 통해 미8군의 접근을 저지하고 주력을 보존할 수밖에 없었고, 위에서 제시한 것처럼 후방 방어에 관심을 기울인 것이다.[90]

---

89) 이 표는 4차 공세 시 중공군이 판단한 유엔군의 작전술이다. 하지만 당시 유엔군은 중공군의 퇴로를 차단하기 위한 상륙작전이나 공정작전을 계획하지 않았다.

90) 아이러니한 것은 이 당시 유엔군은 어떤 상륙작전도 계획하지 않았다.

리지웨이 장군의 '제한목표 공격지침'과 유엔군의 상륙위협은 중공 지도부의 전략도 수정케 했다. 4차 공세 이전까지만 해도 연속적인 승리로 인해 모택동은 한반도에서 미군을 충분히 축출할 수 있다는 자신감을 가지고 있었다. 하지만 4차 공세의 결과 중공군은 전투력이 소진되어 주도권을 유엔군에게 넘겨주고 작전형태를 기동방어로 전환하자 모택동의 생각은 바뀌게 되었다. 모택동은 38선 이남지역(평지)에서의 작전은 유엔군의 화력으로 인해 더 이상 승리할 수 없다는 사실을 인정하게 되었고, 세계로 중국 공산당의 위력을 과시하려 했던 그의 계획도 접을 수밖에 없었다.

그 결과 6·25전쟁의 양상은 장기전으로 그 성격이 바뀌게 되었으며,[91] 모택동은 정치적 야욕 대신 실리적 이익을 추구하게 되었다. 모택동은 6·25전쟁의 참전 목적을 중공군의 현대화로 수정하고 '윤번제 순환참전 전략'[92]을 구사하게 된다. 이로 인해 중공군은 소련으로부터 무기, 장비, 물자를 지원받아 현대화되었고, 여러 부대들을 전투에 참전시킴으로써 현대전의 감각을 익히게 하였다.

이처럼 유엔군의 상륙위협은 중공군의 4차 공세에서도 그들의 작전술과 전략에 적지 않은 영향을 미쳤다.

91) 양영조, 앞의 논문, p. 196.
92) 이종석, 『북한－중국관계, 1945～2000』(서울: 중심, 2000), p. 177.

제5절 중공군의 5차 공세

1. 유엔군의 요철 / 불굴 작전

유엔군은 중공군의 4차 공세를 물리치고 어느새 38선 부근에 도달하게 되었다. 하지만 유엔군 사령관인 맥아더 장군과 백악관의 생각이 서로 달랐기 때문에 선불리 북진을 감행할 수는 없었다. 사실 백악관에서는 예상외로 선전하고 있는 중공군의 전력과 소련군의 직·간접적인 개입을 무시할 수 없었으며,[93] 또한 영국을 비롯한 서방 세계의 여러 나라들이 더 이상 6·25전쟁의 확전을 원하지 않는 국제정세를 고려해야만 했다.

이로 인해 그동안 조심스럽게 논의되었던 휴전문제가 본격적으로 거론되기 시작했고, 전선의 상황은 휴전에 유리한 고지를 점하기 위한 전술적인 승리만을 요구받게 되었다. 즉, 유엔군은 한·만 국경선까지 밀고 올라간다거나, 참전한 중공군을 전멸시킨다는 전략적 차원의 작전을 더 이상 구사할 수 없게 된 것이다.

그 결과 유엔군은 대규모 작전보다는 유리한 방어선을 확보하고 차후 휴전에서 유리한 위치를 점하기 위해 전술적 차원의 소규모 작전을 수행하게 되는데, 그 대표적인 예가 1951년 4월 1일부터 9일까지 실시된 요철 작전(Rugged Operation)이다.[94]

---

93) 유엔군 사령부는 소련은 중공군과 북한군에게 군사 고문단, 장비 및 물자를 지원하면서 간접 개입을 하고 있다고 판단하여 6·25전쟁의 확대를 우려했다.

94) 당시 유엔군의 요철 작전과 불굴 작전을 중공군의 5단계 1차 공세와 비교한다면 그 규모 면에서 상대가 되지 않는다. 그 당시 전장의 주도권은 유엔군이 가지고 있었으나 정치적 고려로 유엔군은 어렵게 획득한 주도권을 전과확대하지 못했다. 결국 정치권과 현지 사령부는 입장 차이를 가지게 되어 유엔군의 작전은 전술적으로 제한될 수밖에 없었고, 전쟁 수행 중에 사령관이 교체되는 초유의 사태까지 빚게 되었다. 그 결과 그동안 트루먼 대통령과 6·25전쟁에 대한 의견차이가 있었던 맥아더 장군은 해임되었고, 그 후임으로 미 8군 사령

이 요철 작전은 중공군의 공격기도를 사전에 분쇄하고, 38선 북쪽에 비교적 유리한 방어지역을 확보하기 위해 실시된 작전이었는데, 미 8군은 임진강－연천－화천 저수지－양양에 이르는 이른바 캔사스 선(Kansas Line)까지 진출했다.[95)]

4월 10일, 미 8군이 별다른 적의 저항 없이 캔사스 선에 도달하자, 중공군의 대부대가 평강－철원－김화를 연결하는 철의 삼각지대에 집결하기 시작했다. 유엔군의 입장에서는 미래의 군사 분계선인 캔사스 선을 지키기 위해서는 중공군이 집결하고 있는 철의 삼각지대를 공격할 필요가 있었다. 왜냐하면 철의 삼각지대는 원산과 서울의 중간지대로서 도로와 철로가 발달한 교통의 요충지였기 때문이었다.[96)]

그 결과 미 8군 사령관인 리지웨이 장군은 캔사스 선 북방 10～20km 지점에 전초선 성격의 새로운 방어선(Wyoming Line)을 설치함으로써 캔사스 선의 방어를 더욱 견고하게 하려는 작전을 수립하였다. 이 작전은 불굴 작전(Dauntless Operation)으로 명명되고 4월 11일부터 38선 전 지역에서 실시되었다. 그러나 22일이 되자 그동안 잠잠했던 중공군의 저항이 도처에서 시작되었다. 적의 저항

관인 리지웨이 장군이 1951년 4월 1일, 새로운 유엔군 사령관으로 부임하게 되었다.

95) 육군본부 군사연구실, 앞의 책, p. 331. 미 8군이 '캔사스 선'을 점령 목표로 선정하게 된 이유는 '캔사스 선'의 서쪽에는 한강 하구(22km)가, 중간에는 화천 저수지(16km)가 있어 방어 시 병력과 장비를 절약할 수 있는 유리한 방어선이었기 때문이었다. 한편 이 '캔사스 선'은 미래의 군사 분계선이 될 수도 있었으므로 미국의 정책 입안자들은 이 '캔사스 선'에 중요한 의미를 두고 있었다.

96) 중공군이 '철의 삼각지역'에 집결을 완료할 경우, 중공군은 교통망을 이용하여 신속한 기동이 가능하게 되어 38선 전 지역에 전개된 유엔군을 쉽게 돌파할 수 있게 된다. 그럴 경우 유엔군은 중공군의 4차 공세를 물리치고 겨우 잡은 주도권을 다시 중공군에게 넘겨주게 되고, 그 결과 휴전 협상에서 불리한 입장에 처하게 된다.

이 예상외로 격렬했기 때문에 리지웨이 장군은 중공군의 대규모의 공세를 예견하고 전 부대에 적의 공격에 대비하여 급편방어로 전환하라고 명령했다. 드디어 중공군의 5차 공세가 시작될 조짐이 서서히 보이기 시작한 것이다.

2. 중공군의 5차 공세 1단계 작전

중공군도 유엔군과 같이 휴전에서 유리한 고지를 점하기 위해 승리가 절실히 필요했다. 또한 본토에서 2차 파병부대인 19병단과 3병단이 도착했고, 2차 공세에서 미 해병대의 강력한 화력에 피해를 입었던 9병단도 전투력 복원을 완료했기 때문에 더 이상 유엔군의 진격을 보고만 있을 수가 없었다.

이에 조·중 연합군 사령관인 팽덕회는 "30만 5천 명(중공군 27만, 북한군 3만 5천)의 대병력을 이용한 인해전술로, 서울을 포위해 유엔군 주력을 격멸하고, 서울을 탈취해 모택동에게 노동절 선물로 바친다"[97]라는 복안 아래 5차 공세 1단계 작전을 시작하게 된다.

4월 22일, 중공군은 여명 공격을 시작했는데, 4시간 동안 포병의 강력한 공격준비사격이 실시되었다. 이때 중공군의 세부적인 기동계획을 분석해보면, 중공군 19병단(9개 사단)이 개성－문산 축선으로 기동하여 국군 1사단과 영국군 29여단을, 중공군 3병단(9개 사단)이 연천－동두천 축선으로 기동하여 미 3사단과 터키 여단을, 중공군 9병단(9개 사단)은 김화－포천 축선으로 기동하여 미 25사단과 미 24사단을, 중공군 13병단(6개 사단)은 화천－춘천 축선으

97) 앞의 책, p. 340(참조 재인용).

유엔군의 급편방어 진지로 공격하는 중공군

〈표 4-11〉 중공군 5차 공세 1단계 작전 시 전투편성[98]

구 분	주 공			조 공	
	서부축선			중부축선	동부축선
	중공군 19병단	중공군 3병단	중공군 9병단	중공군 13병단[99]	북한군 3·5 군단
공격 제대	북한군 1군단, 64·65·63군	15·12·60군	26·27·20군	40·39군	북한군 3·5 군단
공격 축선	개성－문산	연천－동두천	김화－포천	화천－춘천	인제－신남
공격 목표	국군 1사단, 영 29여단	미 3사단, 터키여단	미 25사단, 미 24사단	국군 3사단	국군 5사단
공격 임무	전략목표인 서울 점령			미 해병1사단 견제[100]	미 2·7사단 견제
				미군 사단이 서부축선으로의 전환방지	

98) 이 표는 軍事科學院, 『中國人民志願軍 韓國戰爭史』(北京: 軍事科學院軍事歷史研究部, 1987); 『중공군의 한국전쟁사(2권)』, 박동구 역(서울: 국방부 군사편찬연구소, 2005)의 부록에 있는 기동계획(부도 8)을 분석하여 작성한 것이다.

99) 중공군 5차 공세 1단계 작전에서 13병단 예하 39군과 40군은 9병단의 작전통제를 받았다. 본 논문에서는 서부축선의 9병단과의 혼란을 방지하기 위해 13

로 기동하여 국군 6사단을, 북한군 3·5군단은 인제-신남 축선으로 기동하여 국군 5사단을 각각 공격했다.[101)]

중공군의 공격은 지금까지와는 차이가 있었다. 그들은 지금까지 기동력과 화력이 약한 국군을 공격한 후, 미군의 후방으로 진출하여 유엔군의 병참선을 차단하는 작전을 구사하려 했으나, 어찌된 일인지 미군을 공격목표로 삼았다. 또한 대담한 우회기동도 없었다. 지금까지의 공격방법으로 비추어봤을 때, 중부전선에 배치된 중공군 39·40군이 우회기동하여 서부전선에 배치된 미군의 후방을 차단해야 했으나 그런 흔적은 찾아볼 수 없었다. 이미 4차례의 공세를 치른 중공군 39·40군을 중부전선에 배치한 사실로 미루어 중공군이 5차 공세 1단계 작전에서 우회기동을 고려하지 않았다고 봐도 무방할 것이다. 왜냐하면 중공군 39·40군의 경우 1차 참전부대인 13병단의 병력들을 재편성한 급편(急編) 부대로서 전투력 및 전투 숙련도 면에서 다른 부대에 비해 약했기 때문이다.[102)]

이처럼 중공군은 5차 공세 1단계 작전부터 대담한 우회기동을 계획하지 않았다. 이는 4차 공세에서 중공군이 유엔군의 강력한 화력에 피해를 입은 후, 중공 지도부의 전략이 '윤번제 순환 참전'으로 수정되었기 때문이다. 중공지도부의 입장에서는 이미 북한 실지

병단으로 표기하기로 하겠다.

100) 박동구, 앞의 책, p. 469. 팽덕회는 40군으로 하여금 금화에서 가평에 이르는 선에서 돌파구를 열어 적을 동서로 분할하고, 39군은 화천과 춘천 간의 미군을 견제하여 서쪽으로 증원을 하지 못하도록 했다.

101) 육군본부 군사연구실, 앞의 책, pp. 339-341.

102) 박동구, 앞의 책, pp. 462-463. 이 사실은 1951년 3월 3일 주은래가 팽덕회에게 보낸 전문 7항 병원보충계획을 보면 알 수 있다. 이 문서에는 "13병단 4개군 신병 5만, 기간병 7,000명을 보충할 계획이고, 4~5월에 동북을 향해 수송할 계획이다"라고 적혀 있다. 이를 근거로 판단해봤을 때 5단계 1차 전역에 참전한 39·40군은 전투임무 수행이 가능한 13병단 전체 인원을 재편성했거나, 본국으로부터 보충된 신병으로 구성되었을 가능성이 높다.

〈요도 4-10〉 중공군의 5차 공세 1단계 작전계획

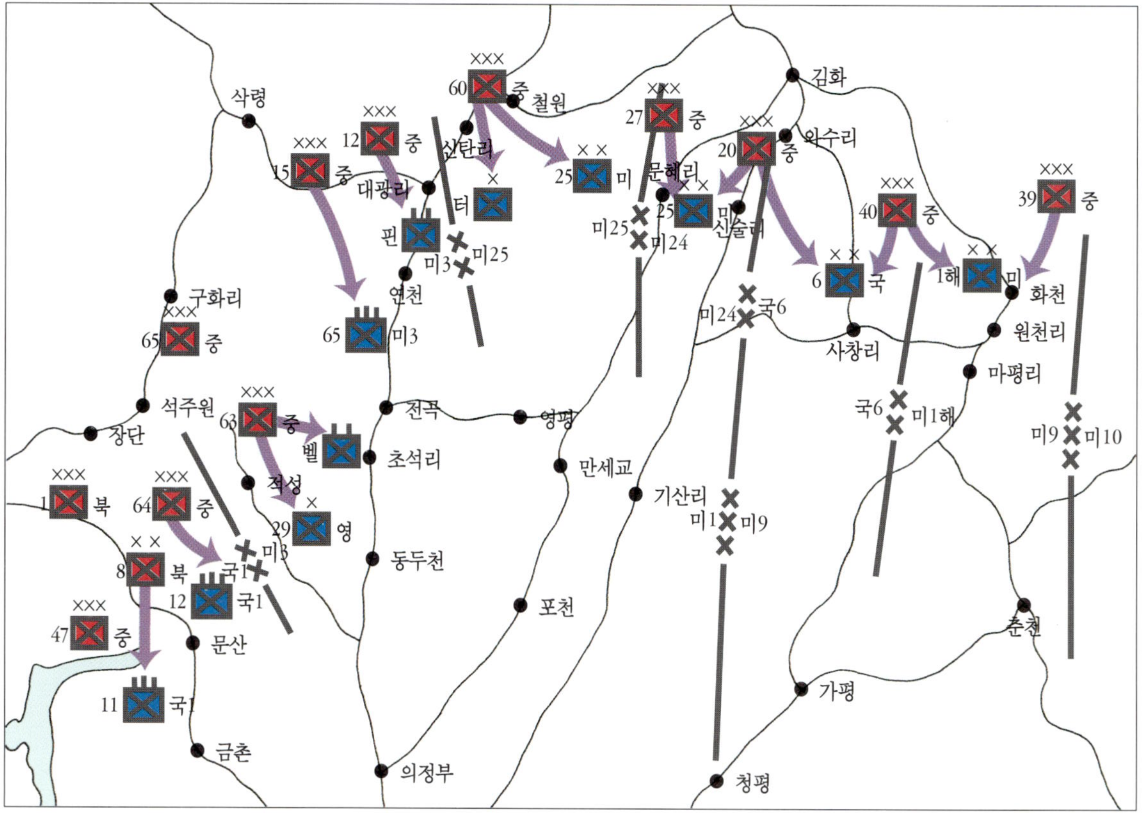

문산 축산에서 공격준비 사격 이후 미 8군 진지에 은밀히 접근하는 중공군

를 회복하여 최초 참전목적을 달성했기 때문에 강력한 화력을 가진 유엔군과의 대규모 기동전을 자제했을 가능성이 높다.

중공군 19병단은 9개 사단을 개성－문산 축선으로 투입, 돌파하여 서울을 최단 시간 내에 점령하려 했다. 하지만 국군 1사단과 영국군 29여단이 파평산과 설마리 일대에서 3일간 선전함으로써 그들의 목표를 달성할 수 없었다. 이들은 야간 공격으로 파평산과 설마리를 확보했지만 주간에 여지없이 시작되는 유엔군의 항공지원과 포병화력으로 다시 철수하는 과정을 여러 번 반복해야만 했다.

당연히 그들의 전투력은 저하되었으며, 그나마 어렵게 확보한 일주일분의 보급량도 빨리 소모하게 되었다. 비록 국군 1사단이 월롱산－부곡리－삼방리를 연하는 선으로 철수하고, 영국군 29여단이 궤멸적인 피해를 입었지만 파평산과 설마리에서의 혈투는 중공군 전체 작전에 심대한 타격을 입혔다.

동시에 중동부전선에서 화천－춘천 축선을 향해 공격하던 중공군 13병단 6개 사단도 비록 국군 6사단을 격멸하고 유엔군 종심으로 진출하기는 했으나 해병 1사단의 화력지원과 영국군 27여단의 긴급투입으로 심대한 피해를 입고 철수하게 되었다. 또한 서부전선의 중공군 3병단과 9병단도 중공군 19병단과 동일하게 유엔군의 강

〈표 4-12〉 중공군 5차 공세 1단계 작전 분석

1단계 작전목표 선정		2단계 작전수행 방법	3단계 전투력 운용	4단계 작전결과
서울 북부에 배치된 미군	개성-문산 축선	〈정면 공격〉 방법: 서울 진입이 가장 빠른 기동로를 향해 화력과 병력을 집중	19병단 (국군 1사단, 영 29여단 공격)	파평산, 설마리서 저지
	연천-동두천 축선	목적: 최단시간 내에 서울을 점령	3병단 (미 3사단, 터키여단 공격)	유엔군의 강력한 화력으로 인해 공격 실패
	김화-포천 축선		9병단 (미 24·25 사단 공격)	

유엔군의 약점인 후방 차단이 아닌 강점인 미군을 중점으로 선정함으로써 화력에 의한 피해 가중[103)]

력한 화력으로 인해 그들의 작전목적을 달성할 수 없게 되었다.

그 결과 팽덕회는 5차 공세 1단계 작전의 실패를 인정하고 모택동에게 보고한 후, 전선에 투입된 전 부대에 철수를 명령하게 된다. 중공군은 유엔군의 추격부대와 화력으로부터 접적단절을 하고

---

103) 작전목표를 화력이 강력한 미군으로 선정한 것은 분명히 팽덕회의 실책이었다. 당시 팽덕회는 전장 상황보다는 정치적 상황에 초점을 맞췄기 때문에 조기에 5차 공세 1단계 작전을 종료해야만 했다. 즉 팽덕회는 "서울을 노동절 선물로 모택동에게 바친다"라는 생각을 가지고 있었기 때문에 전장을 냉철하게 분석하지 못한 것이다. 이것이 전장 지휘관들이 주의해야 할 신념화 현상의 대표적인 사례이다.

〈표 4-13〉 중공군의 공세기간 분석[104)]

구 분	작전일수	전투지역	병참선의 길이
1차 공세	1950. 10. 25~11. 5(11일)	청천강 일대	100~200km
2차 공세	1950. 11. 25~12. 8(14일)		
3차 공세	1951. 1. 1~1. 8(9일)	38~37선 일대	500~700km
4차 공세 1단계	1951. 2. 10~2. 15(5일)		
5차 공세 1단계	1951. 4. 22~4. 29(8일)		
5차 공세 2단계	1951. 5. 16~5. 21(6일)		

4월 29일부터 급편방어로 전환했다. 이번에도 어지없이 중공군의 공격기간은 과거 리지웨이 장군이 분석한 바와 같이 1주일이었다.

3. 유엔군의 판단과 조치

중공군의 5차 공세 1단계 작전이 끝나고 유엔군과 중공군은 잠시 소강상태에 접어들게 되었다. 하지만 이 소강상태도 잠시뿐이었다. 유엔군의 항공정찰 결과 5월 초순부터 중공군은 철의 삼각지와 개성일대로 대규모 군수물자를 수송하고 있었다. 또한 포로 심문 결과 조·중 연합군은 새로운 전역을 준비하기 위해 중공군 54만 명, 북한군 20만 명을 이미 전선에 배치했고, 만주에는 이들을 지원할 75만 명의 3차 참전부대가 배치되어 있다는 정보를 입수하게 되었다.[105)] 이것은 분명히 중공군의 새로운 공세를 의미하는 것이었다.

이에 미 8군 사령부는 중공군의 공세를 대비한 철저한 준비에

104) 이 자료는 육군대학 전사연구실 홈페이지 내용을 요약, 정리한 것이다.
105) 채한국 외 2명, 『한국전쟁(중)』(서울: 국방군사연구소, 1996), pp. 42-50.

착수하게 된다. 리지웨이 장군에 이어 미 8군 사령관에 부임한 밴 플리트 장군은 유엔군이 또 다시 철수한다면 중공군에게 자신감을 심어주어 차후 휴전협상에서 주도권을 상실할지도 모른다고 말하면서 현 접촉선인 미주리선(춘천－인제－속초를 연하는 선)과 주 방어진지인 노네임선(홍천 북방－자은리－현리 북방－양양 북방을 연하는 선)에서 한 발자국도 물러서지 않기로 결정했다. 또한 중공군이 접근하면 '밴 플리트 사격'[106]으로 불리는 강력한 화력으로 적을 격멸하라는 지시도 하달되었다.

5월 중순, 유엔군의 항공정찰에서 조·중 연합군이 중동부 전선에 전개하고 있는 징후가 포착되었고, 포로 심문에서도 중공군의 공격은 중동부 전선에서 이루어질 것이라는 정보를 얻을 수 있었다.[107] 그러나 미 8군 사령부의 판단은 달랐다. 조만간 조·중 연합군의 공세가 시작될 것이라는 것은 유엔군 사령부와 같았지만, 미 8군 사령부는 적의 주공 방향은 중동부 전선이 아닌 중서부 지역의 서울로 지향될 것이라고 판단했다.[108] 그래서 미 8군 사령부는 미 3사단 등 대부분의 예비전력을 서부전선 후방에 배치했다.

이로 인해 국군이 담당하고 있던 중동부 전선은 중서부 전선에 비해 상대적으로 전투력이 약해졌다. 그러나 밴 플리트 장군은 국군이 배치된 지역은 대부분 산악지역으로 지형을 잘 이용한다면 국군도 중공군의 공격을 막아낼 수 있다고 판단했다.

---

106) 적의 인해(人海)전술을 화해(火海)전술로 대응한다는 밴 플리트 장군의 작전개념이다. 이 밴 플리트 사격은 탄약 통제 보급률을 5배로 상향 조정시켜 제한 없이 사격하도록 하는 것이다. 이는 화력이 취약한 중공군의 약점을 십분 활용한 전술이면서 장병들의 생명을 지키고자 한 밴 플리트 장군의 지휘철학에 근거한 것이었다.

107) 육군본부, 『밀물과 썰물』(대전: 육군본부, 1992), pp. 486-487.

108) John Toland, *In Mortal Combat Korea, 1950～1953*(New York: QUILL WM MORROW, 1991); 『사선을 넘어』, 육군본부 역(대전: 육군본부, 1994), p. 580.

4. 중공군의 5차 공세 2단계 작전

팽덕회는 그동안의 전역을 분석해 본 결과 현대 전쟁에서는 병력이 우세하더라도 화력이 열세하면 전쟁에서 승리할 수 없다는 교훈을 얻었다. 그래서 5단계 2차 공세는 화력이 강력한 미군보다는 국군에 집중할 수밖에 없었다.[109] 그 결과 팽덕회는 서울이라는 정치적 목표는 포기하고 상실된 주도권을 되찾기 위해 중동부 전선에서 국군을 집중 공격하는 작전계획을 수립하게 된다.

이로 인해 중공군의 1차 목표는 신남 지역에 배치된 국군 5·7사단과 현리 지역에 배치된 국군 3·9사단을 격멸하는 것이었고, 이후에 그 여세를 몰아 동해안 지역에 배치된 수도사단과 국군 11사단을 격멸하는 것이 2차 목표였다. 이는 자은리로부터 동해안까지 배치되어 있는 국군 6개 사단을 격멸하겠다는 팽덕회의 의지였다.[110]

이를 위해 팽덕회는 총 가용 부대 38개 사단(중공군 3개 병단과 북한군 4개 군단의 예하 사단) 중 18개 사단(중공군 9병단 및 북한군 3개 군단 예하 사단)을 동부지역의 국군 전방에 배치했다. 나머지 20개 사단은 고착 및 견제 부대로 운용되었는데, 12개 사단은 서부지역에서 미군을 견제 및 기만하고, 8개 사단은 중부지역에서 여주 방향으로 공격, 돌파구를 형성하게 하였다. 이는 서부전선의 미군과 동부전선의 국군을 절단하여 서부전선의 미군이 동부전선으로 증원되는 것을 차단하기 위해서였다.

동부전선에 배치된 중공군 18개 사단은 '3중 양익 포위작전'[111]으로 국군을 전멸시키려고 했다. 이 포위작전은 중공군이 우측 포

---

109) 이것은 미 8군의 예상과는 반대되는 작전계획이었다.

110) 한국전략문제연구소, 앞의 책, p. 146.

111) 3중 양익 포위작전은 동부전선에 배치되어 있는 국군을 섬멸하기 위해 국군 후방을 3중으로 포위한다는 팽덕회의 대담한 기동계획이다.

<표 4-14> 중공군 5차 공세 2단계 작전 시 전투편성

<table>
<tr><th rowspan="3">구 분</th><th>견 제</th><th>조 공</th><th colspan="2">주 공</th></tr>
<tr><th>서부전선</th><th>중부전선</th><th colspan="2">동부전선</th></tr>
<tr><th>중공군 19병단</th><th>중공군 3병단</th><th>중공군 9병단</th><th>북한군
3 · 5 · 2군단</th></tr>
<tr><td>공격
제대</td><td>북한군 1군단,
64 · 65 · 63군</td><td>39(-1) · 60 · 15군</td><td>42 · 27 · 20군</td><td>북한군
3 · 5 · 2군단</td></tr>
<tr><td>공격
방향</td><td>·</td><td>가평－양평</td><td colspan="2">오마치－침교－속사리</td></tr>
<tr><td>공격
목표</td><td>미 1 · 9군단</td><td>국군 6사단과 미
7사단의 전투지경선</td><td colspan="2">국군 5 · 7 · 9 · 3 · 수도 · 11사단</td></tr>
<tr><td>공격
임무</td><td>미 1 · 9군단
견제</td><td>서부전선의 미군과
동부전선의 국군 절단</td><td colspan="2">3중 양익포위로 국군 격멸</td></tr>
</table>

위망을, 북한군이 좌측 포위망을 형성하기로 되어 있었으나 좌측의 북한군이 험난한 지형에 가로막히고, 중공군 12군이 미 2사단 지역을 국군 5사단 지역으로 오인하여 공격함으로써 성공하지 못하게 된다.

비록 중공군 20군과 27군이 돌파구를 형성한 후, 종심으로 진출하여 국군 3군단의 퇴로를 차단하기는 했지만 북한군의 좌측 포위망이 형성되지 못해 국군은 철수하게 되고, 역으로 중공군 20군과 27군이 적진에 고립되는 상황에 직면하게 된다.

실제로 미 8군 사령부가 서부전선 후방에 배치되었던 미 3사단과 187공수연대를 동부전선으로 신속히 전환하여 역습을 가하자 이미 아군 측으로 70km나 진출한 중공군 20군과 27군은 순식간에 전의를 상실하게 되었다. 어쩔 수 없이 팽덕회는 철수 명령을 하달하지만 미 8군의 기계화 부대(게르하르츠 특수임무부대와 하젤 특수임무부대)가 중공군의 퇴로를 차단하기 위해 소양강 일대와 화천 저수지 방향으로 종심 기동을 함으로써 중공군의 철수행렬은 공황에

〈요도 4-11〉 중공군의 5차 공세 2단계 작전계획

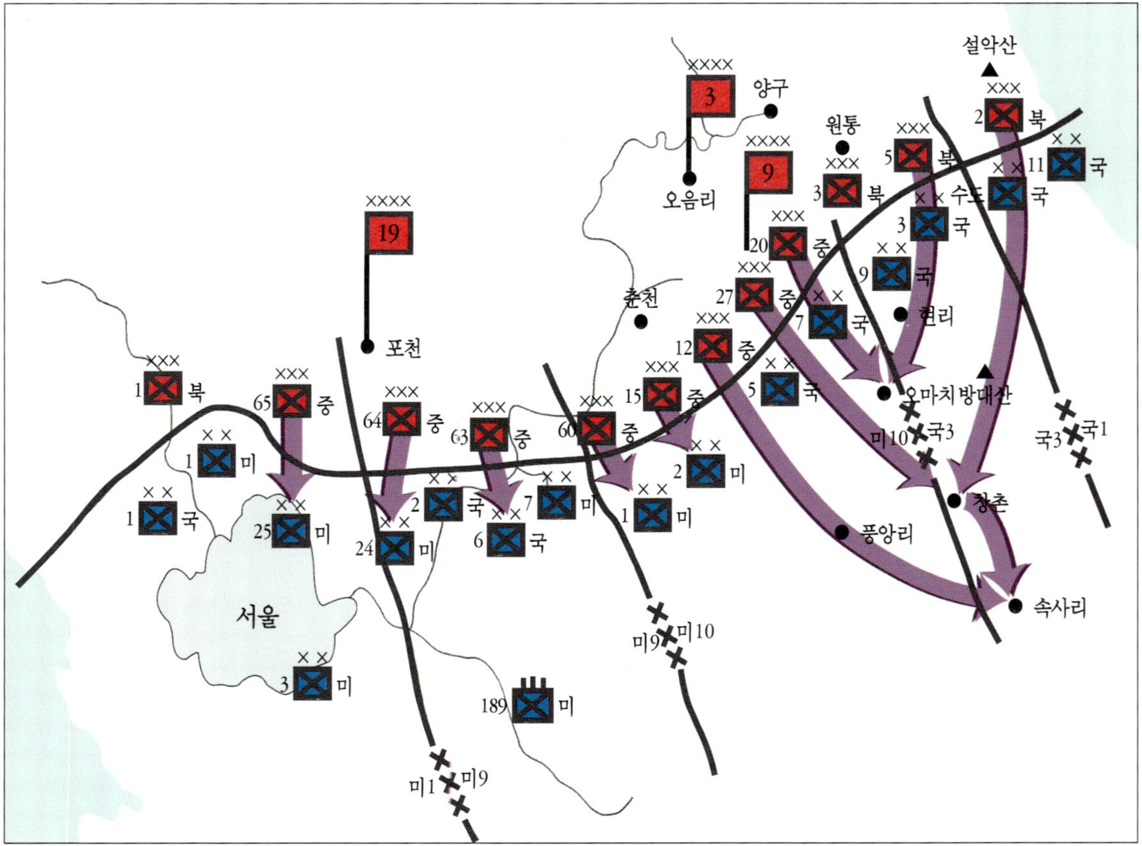

〈표 4-15〉 중공군 5차 공세 2단계 작전 분석

1단계	2단계	3단계	4단계
작전목표 선정	작전수행 절차	전투력 운용	작전 결과
동부 전선의 국군 → 국군 3군단의 후방	3중 양익 포위 방법: 중공군과 북한군이 협력하여 3개의 포위망 구축 목적: 동부전선에 배치된 국군을 격멸하여 전장의 주도권 탈취	중공군 20군 / 북한군 5군단 (제1포위망: 오마치)	중공군 20군 우측 포위망 구축 성공, 북한군 5군단 좌측 포위망 구축 실패
		중공군 27군 / 북한군 2군단 (제2포위망: 침교)	중공군 27군 우측 포위망 구축 성공, 북한군 2군단 좌측 포위망 구축 실패
		중공군 12군 / 북한군 2군단 (제3포위망: 속사리)	중공군 12군 우측, 북한군 2군단 좌측 포위망 구축 실패

① 험난한 지형과 오인공격으로 포위망 구축 실패[112)]
② 중공군 19 · 3병단의 견제 실패로 서부 · 중부전선의 유엔군의 예비부대가 동부전선으로 증원[113)]
③ 유엔군 증원부대의 퇴로차단 → 중공군 20 · 27군 피해 가중

112) 한국전략문제연구소, 앞의 책, pp. 149-150. 중공군은 북한군의 포위 실패 이유를 "북한군의 공격은 산이 험하고, 눈이 쌓여서 행동에 장애를 받았기 때문에, 설악산에서 진출이 저지되었다"라고 기록하고 있다. 중공군 12군은 미 2사단 지역을 국군 5사단 지역으로 오인, 공격하여 미군의 화력에 막대한 피해를 입었다.

113) 육군대학, 『한국 전투사』(대전: 육군대학, 1997), pp. 466-467. 동부전선의 돌

빠지게 된다.[114)]

결국 북한군의 좌측 포위망 형성이 실패함으로써 중공군의 건제는 순식간에 무너지고 수많은 중공군은 적진 깊은 곳에 고립되었다. 중공군 180사단의 경우 적진에서 탈출하기 위해 힘겨운 전투를 감행했지만 전 병력이 전멸했으며, 국군 6사단의 역습으로 수많은 중공군의 시체가 화천호를 가득 채워 파로호(破擄湖)로 만들어 버렸다.

5. 중공군의 5차 공세에 영향을 미친 인천상륙작전

앞에서 언급했듯이 중공군의 5차 공세가 시작할 무렵, 서방 세계에서는 휴전의 논의가 진행되고 있었고, 그 결과 유엔군의 전투행동은 전술적으로 국한될 수밖에 없었다. 그러나 이런 유엔군의 소극적인 전투행동은 중공군으로 하여금 유엔군이 무엇인가 다른 행동(대대적인 반격작전. 예를 들면 상륙작전이나 공정작전)을 준비하고 있다는 인상을 심어 주었다. 이는 5차 공세를 두고 실시한 조·중 연합군 사령부의 토의 내용에 잘 나타나 있다.

5차 공세를 위한 사령부 작전토의[115)]
우선 참모장인 해방이 "얼마 전 맥아더와 리지웨이가 동부전선을 시찰했고, 미 해군이 원산, 신포, 청진 등의 주요 항구에 포격을 강화하고

파구가 확장되자 미 8군 사령부는 서부전선에서 미 3사단을 운두령 일대로 급파한다. 이로 인해 속사리까지 진출한 중공군이 오히려 역(逆)포위되게 된다.

114) Gugeler, 앞의 책, pp. 183-192.

115) 楊鳳安·王天成, 앞의 책, pp. 254-256.

우선 참모장인 해방이 "얼마 전 맥아더와 리지웨이가 동부전선을 시찰했고, 미 해군이 원산, 신포, 청진 등의 주요 항구에 포격을 강화하고 있습니다. 아마도 유엔군이 상륙작전을 준비하고 있는 것 같습니다. 상륙지점은 동부전선으로 추정되고, 동해안의 동주, 원주 지역에서 38선 이북지역으로 육군과 협조된 공격을 실시할 것으로 판단됩니다"라고 자신의 의견을 피력했다.

이어서 부사령관인 홍학지가 "이번에는 상대를 철원, 금화 지역으로 유인한 다음 공격을 해야 한다고 생각합니다. 만약 철원, 금화 남쪽에서 우리가 먼저 공격하여 상대가 철수하게 된다면 적을 섬멸하는 데 어려움이 있을 것으로 판단됩니다. 따라서 적을 유인하여 그들의 허리를 끊고, 일거에 섬멸해야 합니다. 이렇게 하면 얼마 전에 입북한 부대에게 작전준비시간을 충분히 부여할 수 있습니다"라고 해방의 견해에 동의했다.

홍학지가 말을 끝내자 팽덕회는 "우리들은 더 이상 물러설 수 없다. 철원 이북지역은 평야지대라 적 전차가 공격할 경우 상대하기가 대단히 어렵다. 또한 물개리에 비축해 놓은 군수물자는 어떻게 하는가? 상대를 철원 이북으로 끌어들일 수는 없다. 금화, 철원 이남지역에서 공격해야 한다"고 강조했다.

그러자 부사령관인 등화가 "저는 홍학지의 의견에 동의합니다. 현재 3병단과 19병단이 입북하고 있고 9병단은 금방 도착했기 때문에 지형에 익숙하지 않습니다. 적을 유인하면 첫째, 전투준비를 착실히 하면서 이일대로(以逸待勞)할 수 있고, 둘째, 지형에 대한 확실한 연구를 통해 보다 더 치밀한 작전계획을 작성할 수 있습니다"라고 반박했다.

두평도 다른 참모들과 같이 "상대를 유인하여 섬멸해야 합니다"라고 말했다.

모든 참모들이 유인격멸작전을 건의하자 팽덕회는 "자네들, 전투를 하자는 거야 말자는 거야?"라며 화를 냈다.

홍학지가 "사령관님! 전투는 필요합니다. 우리들은 사령관님의 참모들입니다. 참모의 임무는 지휘관에게 건의하는 것이고 최종 결정은 지휘관이신 동지가 내리시는 것입니다"라고 말했다.

이어서 등화도 팽덕회의 화를 풀기 위해 "저희들은 단지 건의를 드린 것입니다. 저희들의 생각은 유인격멸작전이나 사령관님께서 선제공격을 원하신다면 저희들을 그 의견에 따르겠습니다"라고 말했다.

홍학지는 점심식사를 하면서 "사령관님! 참모에게는 세 번의 건의권이 있습니다. 저는 이미 두 번의 건의를 드렸고 지금은 마지막 건의입니다. 참모들은 유인격멸작전을 생각하고 있습니다. 최종 결정은 사령관님의 몫입니다"라고 마지막 건의를 했다.

팽덕회는 여러 참모들의 얼굴을 둘러보면서 "여러 참모들의 의견도 일리가 있다. 하지만 철원 일대는 평야지역으로 적 전차의 기동력과 화력이 최대로 발휘할 수 있는 곳이기 때문에 우리의 피해가 만만치 않을 것이다. 내가 여러 참모들의 건의 받아들일 수 없는 결정적인 이유는 바로 시간이다. 우리가 시간을 끌면 적은 우리의 측·후방으로 상륙할 수 있는 위험이 따른다. 이미 수십만의 병력들을 38선 일대로 전개했는데, 유인격멸작전을 하기 위해 전 부대를 다시 후방으로 재배치할 수 있는가? 시간이 없다. 그리고 우리가 싸우지 않고 뒤로 물러선다면 부대 사기는 땅에 떨어질 것이다. 현대 전쟁은 우리의 혁명전쟁처럼 지구전을 용납하지 않고 있다. 각종 상황과 첩보를 종합해보면 적은 지금 우리의 측·후방으로 상륙준비를 가속화하고 있다. 따라서 우리는 선제공격을 통해 기선을 제압하고 적의 상륙준비를 저지시켜야 한다. 선제공격을 통해 적의 상륙 전력을 전선으로 끌어들여야지만 적의 상륙기도를 파괴할 수 있고, 우리의 후방이 비로소 안전하게 된다"라고 자신의 작전복안을 재강조했다.

팽덕회의 설명을 들은 후 모든 참모들은 그의 의견에 동의했다.

당시 참모들은 5차 공세를 계획하면서 미 8군의 주력을 예전과 같이 북쪽으로 유인하여 포위, 섬멸하자는 주장을 했지만, 팽덕회는 그렇게 되면 적에게 상륙작전을 준비할 시간적 여유를 준다는 이유로 선제공격을 피력했다.

팽덕회와 참모들은 전장을 가시화하기 위해 여러 차례 논의(워게임)를 계속했지만 다음과 같은 첩보내용이 접수되자, 결국 팽덕회의 구상대로 선제 타격이 5차 공세의 1단계 작전계획으로 채택되었다.[116]

① 4월 10일을 전후로 하여 유엔 공군이 아군의 후방지역, 교통로, 물자 집적소 그리고 부대 집결지에 이전에 볼 수 없었던 맹렬한 폭격을 가하였다.

② 또 유엔 해군은 원산, 신포, 청진 등의 여러 항구에 대한 포격을 강화하고, 동서 연해안의 도서에 대한 정찰과 습격활동을 더욱 증가시켰다.

③ 그리고 4월 중순에는 원래부터 일본에 주둔해 있던 보병 34연대와 미 본토로부터 파병된 국민방위군 40사단과 45사단이 16군에 편성되어 한국 전장에 투입될 준비가 이루어지고 있다는 보고가 접수되었다.

④ 그뿐만 아니라, 일본에 있는 한국군 3개 사단이 더욱 급속히 정비되고, 아울러 부산과 김포의 공군기지가 확장되었다는 정보가 있었다.[117]

1951년 4월 6일에 실시된 지원군 당위원회 제5차 확대회의에서

---

116) 결국 팽덕회는 유엔군이 중공군의 정면과 측・후방에서 동시에 공격을 할 것이라고 생각한 것이다. 이 시기 유엔군 측에서는 상륙작전을 계획하지 않았었다. 전장의 불확실성으로 인해 서로가 서로의 전력을 과대평가하여 나타나는 아이러니라 하지 않을 수 없다. 또한 유엔군의 해안 정찰, 해군 함정의 집결이나 이동에 과민반응하는 중공군의 모습을 봤을 때, 6・25전쟁 당시 공군과 해군을 보유하지 못한 중공군의 한계를 대변하는 듯하다.

117) 홍인표, 앞의 책, p. 218; 김행복, 앞의 논문, p. 205(참조 재인용).

〈표 4-16〉 5차 공세 시 팽덕회가 분석한 유엔군의 의도[118]

1단계		2단계		3단계	4단계
작전목표 선정		작전수행 방법		전투력 운 용	작전결과
중공군 전 방	전 방 (중공군의 유생역량)	〈정면 공격〉 방법	① 자성전술 ② 화해전술[119]	미 1군단 미 9군단 미 10군단	서부전선 공 격
		목적	① 전방부대 소멸 ② 예비대 흡수	국군 3군단 국군 1군단	동부전선 공 격
중공군 후 방	후 방 (원산 ~ 평양 선)	〈후방 공격〉 방법	① 상륙작전 ② 군수지원차단사격 ③ 해상 교란활동	미 40 · 45 사단 국군 3개 사단	원산 또는 평양에 상륙
				유엔 공군	후방교통 및 물자 집결지 폭격
		목적	① 중공군 퇴로차단 ② 병참선 파괴 ③ 예비대의 분산	유엔 해군	주요 항구에 대한 포격, 봉쇄, 정찰 등 교란활동 강화

〈팽덕회의 판단[120]〉
유엔군의 상륙 기도를 분쇄하기 위해 선제타격을 선택[121]

118) 홍인표, 앞의 책, pp. 217-218.

119) 육군본부 군사연구실, 앞의 책, p. 352. 리지웨이 장군에 이어 새로이 미 8군

는 팽덕회의 주장대로 선제공격이 5차 공세의 작전방침으로 채택되었고, 여러 참모들과 사령관들은 이를 위해 열띤 작전토의를 실시하였다.

지원군 당위 5차 확대회의(1951년 4월 6일)[122]
팽덕회와 송시륜은 "현재 적은 4차 전역 이후에 38선을 넘어 계속 북진하고 있고, 또한 우리의 측・후방에 상륙하여 정면의 공격과 조화를 이룰 가능성이 농후합니다. 그들의 상륙위치는 39도선 상에 있는 안주, 원산 일대이며, 만약 그들이 성공한다면 우리 군의 주요 작전선은 차단될 것입니다. 따라서 우리는 적의 상륙에 대한 충분한 준비를 해야 합니다. 우리가 두 개의 전선에서 싸운다면 많은 피해가 발생할 것입니다. 따라서 적의 상륙기도를 없애기 위해서는 우리가 먼저 공격해야 합니다"라고 명확하게 말했다. 그러자 회의장은 소란스러워졌으며 어는 예하 사령관은 "적이 우리 측・후방에 상륙할 가능성이 정말 있습니까? 예상 상륙지점은 어디입니

사령관에 부임한 밴플리트 장군은 적의 인해(人海) 전술에 대비한 화해(火海) 전술로서 탄약의 통제보급률을 5배로 상향 조정하여 제한 없이 사격하도록 했다. 이른바 '밴플리트 사격(The Van Fleet of Fire)'이라고 불린다.

120) 위의 책, p. 218. 팽덕회는 맥아더의 후임으로 유엔군 사령관으로 부임한 리지웨이가 38선에서의 정면 공격과 측・후면에서의 상륙작전을 감행할 것이라고 판단했다. 팽덕회는 유엔군의 상륙작전은 조선의 허리(원산~평양)부분에 실시될 것이라고 판단했는데, 왜냐하면 원산~평양 선은 좁고(170km) 지형도 공격과 방어에 안성맞춤이며, 이 선을 점령하면 군사적으로 정치적으로 유리했기 때문이었다.

121) 당시 조・중 연합군은 2개월에 걸친 유엔군의 공격으로 피로에 지친데다 손실도 엄청났고, 조선에 새로이 들어온 부대들은 공격준비가 미흡하고 두려움을 가지고 있었다. 이런 상황에서 유엔군에게 상륙작전을 당한다면 조・중 연합군은 일거에 마비될 것이 분명했기 때문에 팽덕회는 불비한 여건이지만 선제공격을 결정하게 된 것이다.

122) 楊鳳安·王天成, 앞의 책, pp. 258-259.

까?"라고 질문했다.

등화는 "현재로서는 믿을 수도 없고, 믿지 않을 수도 없습니다. 미군이 상륙하지 전에, 그들의 최전선 부대가 병력을 보충하기 전에, 예비병력이 한반도에 도착하기 전에 우리는 서둘러 공격을 해야 합니다."

이어서 팽덕회는 "등화의 말이 맞습니다. 여러분들은 거리낌 없이 어떻게 싸울 것인지 말해주십시오"라고 예하 사령관들에게 말했다.

예하 사령관들은 작전토의에 자신의 의견을 내놓았고, 모두들 "팽덕회 사령관님의 의견이 옳습니다"라고 말했다.

팽덕회는 예하 사령관들의 의견을 모두 들은 후 "이 상황을 극복하기 위해서는 최전선의 적 5~6개 사단을 격멸해야 합니다. 선제공격을 통해 적의 최전선 부대를 최대한 많이 격멸해야지만 적의 상륙기도를 파괴할 수 있습니다. 주요 공격 목표는 서부전선의 문산에서 춘천에 이르는 지역입니다. 이 지역에는 국군 1사단, 영국군 29여단, 미 3·25·24사단, 터키 여단과 국군 6사단이 배치되어 있습니다. 적의 부대배치를 분석해보면 종심이 얕고, 증원부대가 부족하기 때문에 전역포위와 전술포위를 배합하여 공격해야 합니다. 이를 위해 3병단은 금화, 가평 일대의 산악지역으로 공격하여 돌파구를 만들고 9병단과 19병단은 후속하여 동서 양방향으로 종심 깊게 우회기동을 실시합니다. 동부전선의 김웅 집단군과 서부전선의 북한군 1군단은 정면공격을 실시, 적을 견제합니다"라고 작전계획을 하달하였다.

이처럼 팽덕회는 유엔군의 상륙작전 기도를 사전에 분쇄하거나, 적어도 유엔군의 상륙작전 시기를 늦추기 위해 5차 전역을 감행한 것이다. 유엔군은 그 어떠한 상륙작전 계획도 수립하지 않았으나 중공군은 유엔군의 상륙작전을 염두에 두고 있었던 것이다.[123)]

이는 중공군의 5차 공세 개시 전, 후방부대 배치와 모택동과 팽덕회 간에 주고받은 작전전보 내용에 명확하게 나타나 있다. 우선

123) 육군본부 군사연구실, 앞의 책, p. 384.

5차 공세 전 유엔군의 상륙작전에 대비한 조・중 연합군의 후방배치를 살펴보면 다음과 같다.

① 평양에 위치한 47군, 숙천의 38군, 원산의 42군, 화천과 사리원 그리고 재령에 위치한 북한군 2・6군단은 상륙작전과 공수작전에 대한 준비를 한다. 공병부대는 희천을 경유하여 덕현리, 영변, 맹산, 양산에 이르는 도로에 대한 긴급 보수를 하도록 하여 유엔군의 측・후방 상륙이 있게 되면 빚어질 수 있는 지원군의 서부전선 차단 시에 주요 보급선이 될 수 있도록 한다.[124)]

② 북한군 4, 6군단을 서해안에, 북한군 7, 8군단을 동해안에 배치하여 동・서 해안에 대한 경계와 감시를 철저히 했다.[125)]

③ 순환참전을 위해 입조(入朝)한 중공군 20병단을 원산일대에, 최초 투입된 13병단의 일부부대를 평양일대에 배치하여 유엔군의 상륙작전으로 병참선이 절단되는 것을 방지케 했다.[126)]

④ 김일성은 4월 하순에 동해안의 인민군 제851군부대를 방문하였는데, 그는 4월 28일에 이 부대에서 "부대의 전투력을 높

---

124) 행정자치부, 앞의 책, p. 44(참조 재인용).

125) 북한 사회과학원 역사연구소, 앞의 책, pp. 346-348(참조 재인용). 김일성은 이 부대들에게 인원 및 해안포를 비롯한 최신식 무기를 지원해주면서 유엔군이 상륙할 가능성이 있는 항구를 위주로 해안방어시설을 증강하고, 각 병종들 간에 협동계획과 통일된 지휘체계를 수립하라고 지시했다. 그 결과 동해안의 원산과 함흥, 서해안의 진남포 지역의 해안 방어가 상당히 강화되었다.

126) 행정자치부, 앞의 책, p. 268(참조 재인용). 모택동이 1951년 3월 1일 스탈린에게 보낸 전문에는 "중공군은 적을 섬멸할 목적으로 순환참전 방침을 적용하고, 예비부대는 교육훈련, 재편성, 그리고 유엔군의 상륙작전에 대비한 해안방어를 실시한다"라고 적혀 있다. 또한 정보참모부, 앞의 책, pp. 310-311에서는 "중공군 13병단 일부부대가 평양에, 20병단이 원산일대에 배치되어 1951년 4월 22일부터 6월 10일까지 예비 임무를 수행하고 있다"고 적혀 있다.

여 해안방어를 철벽으로 강화하자"라는 연설을 하였다.[127)]

⑤ 김일성은 4월 말과 5월 초에 동서해안의 방어부대들에게 명령을 내려, 해안방어를 더욱 강화할 것을 강조하고, 이들에게 각종 포를 비롯한 최신식 무기를 보내주었다.[128)] 그러면서 김일성은 유엔군이 상륙할 가능성이 있는 지점들에 해안방어시설들을 더욱 튼튼하게 준비하고, 각 병종들 간의 협동계획과 통일적인 지휘체제가 수립되어야 한다고 강조했다.[129)]

또한 팽덕회가 1단계 작전이 종료된 후, 모택동에게 보고한 2차 작전계획에서도 유엔군의 상륙작전에 대해 크게 우려하고 있음을 알 수 있는데, 그 내용은 다음과 같다.

① 상대는 일부 병력으로 정면을 강화하고, 동시에 측・후방으로 상륙할 가능성이 있다.

② 1차 공세는 4월 22일에 전개했는데, 석들이 나란히 긴밀하게 연결되어 있어 작전목적을 달성할 수가 없었다. 즉 전과달성이 미흡하여 유엔군의 상륙계획 기도를 분쇄하지 못한 것으로 판단된다.

③ 한반도의 지형은 좁은 꼴에다가 해안선이 길고, 게다가 상대

---

127) 앞의 책, p. 345(참조 재인용). 김일성은 여기서 한반도의 삼면이 바다로 되어 있어 해안선이 길기 때문에 해안을 튼튼히 방어하는 것이 매우 중요하다고 하면서 해안방어의 강화를 역설하였다. 또한 『김일성 저작집(6권)』, pp. 346-347에서는 이 내용을 "후방이 튼튼하여야 이미 이룩한 성과를 고수할 수 있고, 군인들이 전방에서 뒷근심을 하지 않고 잘 싸울 수 있다. 그러므로 적들이 우리의 후방을 차단하지 못하도록 후방의 중요 해안들을 견고하게 보위하는 것은 오늘 우리 앞에 가장 중요한 전략적 과업의 하나이다"라고 표현하고 있다.

128) 위의 책, pp. 346-348(참조 재인용).

129) 위의 책, p. 348(참조 재인용).

는 강력한 해・공군력을 보유함으로써 상륙에 유리한 조건을 형성하고 있다. 유엔군의 상륙부대를 대량으로 섬멸시키지 못하면 상대는 상륙하려는 야심을 계속 보유할 것이다.

④ 상대가 빠른 시간 내에 상륙을 한다면 비록 지금 우리가 준비가 되어 있다 하여도 아직은 우리가 양면작전을 전개하기가 어렵다. 만약 상대가 1개월에서 한 달 반 정도 상륙을 연기한다면 우리로서는 양면작전에 대응할 수 있다.

⑤ 따라서 2단계 작전은 우리 군이 상대의 저항을 격파한 후, 일개 병단 및 북한군 양개군단으로써 기회를 타고 37도선에서 추격을 멈추게 한다. 만약 상대가 한강과 서울 교두보 진지를 끼고 방어를 한다면, 본인은 소부대로 하여금 습격을 하게 할 것이다. 그렇게 되면 상대는 예비 병력을 정면으로 증원하게 되어 상륙시간이 늦어지고 상륙 능력이 약화되게 만들어 섬멸이 용이하게 될 것이다.[130]

이처럼 5차 공세 기간 내내 유엔군의 상륙작전은 중공군의 작전계획 전반에 막대한 영향력을 끼쳤음을 알 수 있다.

보다 중요한 점은 중공군이 5차 공세에서 유엔군의 상륙작전 기도를 분쇄하기 위해 준비되지 않은 공격을 실시했다는 것이다. 당시 중공군 참모장이었던 해방의 『5차 전역에 대한 경험과 교육』에서 "약간 급했다. 3병단과 19병단은 입북 후 휴식을 취하지 못한 상태였고, 1차로 입북한 30군과 40군은 서너 번의 전투를 치른 후, 휴식과 보급이 원활하지 않아 전투력이 완전히 회복되지 못한 상태였다. 어떤 부대는 도착 후 일주일 만에 작전에 참가했고, 어떤 부대는 식량과 탄약이 따라오지 못해 진격을 멈추어야만 했다"[131]라

130) 박동구, 앞의 책, pp. 142-143.

〈표 4-17〉 5차 공세 시 팽덕회의 작전구상

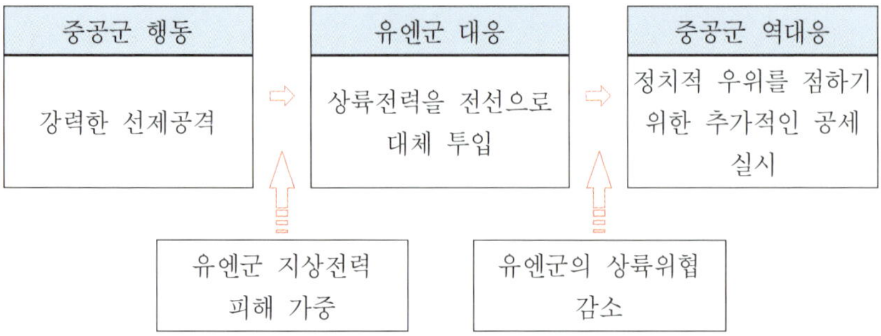

고 적고 있다. 이는 5차 공세 당시 유엔군의 상륙작전이 얼마나 팽덕회와 중공군 지도부를 괴롭혔는지 알 수 있는 대목이다.

중공군은 자신들의 공간사에서 5차 공세의 결과로 8만 5천 명의 전투손실을 입었다고 기록하고 있으며, 5차 1단계 전역은 작전목적을 달성하지 못했지만 2단계 작전에서는 훌륭히 임무를 수행했다고 애써 강조하고 있다. 사실 5차 공세 2단계 작전에서 중공군 60군 180사단이 전멸당하고, 수많은 중공군들이 철수하다가 유엔군의 화력에 피해를 입은 사실 하나만으로도 중공군의 5차 공세는 그다지 성공적이라고 평가할 수는 없다.[132]

하지만 그들이 전투준비가 완전하지 않은 상태에서 5차 공세를 감행할 수밖에 없었던 당시 상황을 이해하는 것이 가장 중요할 것이다. 중공군 지도부가 유엔군의 상륙작전을 우려하여 5차 공세를 계획한 점, 순환참전을 위해 본토에서 파병된 부대를 동·서해안에 배치한 점과 미 8군의 일선부대를 최대한 많이 격멸하여 유엔군 상륙부대를 전선으로 끌어들이려고 하다가 오히려 자신들이 유엔군의 기동력과 화력으로 많은 피해를 입은 점은 유심히 살펴야 할

131) 楊鳳安·王天成, 앞의 책, p. 296.
132) 박동구, 앞의 책, p. 551.

대목일 것이다.

무엇보다도 중공군의 5차 공세 이후 모택동은 유엔군의 막강한 화력 앞에서는 중공군이 효과적인 작전을 펼칠 수 없다는 사실을 재차 확인하게 되었으며, 그로 인해 전선은 38도선 일대에 고착되어, 결국 6·25전쟁의 양상은 고지쟁탈전으로 바뀌게 되었다. 즉 중공군의 병참선을 지향하는 유엔군의 상륙위협과 중공군의 유색역량을 소멸시키는 유엔군의 강력한 화력은 전장의 불확실성을 증폭시켜 중공군의 작전술을 운동전에서 지구전과 적극적 방어로, 중공 지도부의 전략을 '한반도에서 유엔군의 축출'에서 '충분한 준비를 통해 평화회담을 쟁취'로 수정케 했다.

結 論

1950년 9월 15일에 실시된 인천상륙작전은 북한군을 일거에 와해시킬 정도로 그 파괴력[1)]이 엄청났다. 하지만 인천상륙작전의 영향을 받은 것은 북한군뿐만이 아니었다. 당시 정치적, 군사적으로 6・25전쟁에 참전할 준비를 하고 있던 중공군에게도 인천상륙작전은 커다란 충격으로 다가왔다. 설상가상으로 스탈린이 제3차 세계대전을 우려하여 중국에게 공군을 지원해주지 못하자 중공군의 충격은 더욱 커졌다. 왜냐하면 중공군도 북한군과 같이 공군과 해군의 지원(支援) 없이 지상군만으로 세계 최강의 미군과 전쟁을 벌여야 했기 때문이었다.

이로 인해 중공군은 6・25전쟁 참전 이전부터 전술적, 전략적 한계를 가지게 되었다. 현대전에서는 포병, 공군, 해군의 화력이 전쟁의 승패를 가늠할 정도로 중요하기 때문에 중공군의 제한사항은

1) 여기서 말하는 파괴력이란 당시 상륙부대인 미 10군단이 북한군의 후방을 공격하여 얻은 전술적 차원에서의 승리가 아니라, 미 10군단이 북한군의 후방에 상륙했다는 사실만으로 북한군을 심리적으로 와해시켜, 결국 북한군을 전장의 뒤안길로 내보냈다는 전략적 차원에서의 승리를 의미하는 것이다.

말로 표현할 수 없을 정도였다.

그러나 중공군은 국공내전과 항일전쟁의 경험을 기초로 나름대로의 방법을 찾아냈다. 그들은 북한군의 전투경험을 분석하여 미군의 강점과 약점을 분석했다. 그리고 적의 강점은 피하고 적의 약점을 최대한 이용한다는 전략방침을 세우게 된다. 그 결과 중공군은 미군의 강점인 강력한 화력을 피하기 위해 주간보다는 야간에, 평야보다는 산악지형에서 작전을 수행하기로 하고 자신들의 장기인 운동전을 미군의 약점인 후방을 향해 구사하기로 결정했다.

이런 중공군의 전략은 유엔군과의 초기 전투인 1, 2차 공세에서는 어느 정도 성과를 거두게 되었다. 중공군은 유엔군이 북한의 북부 산악지역으로 진입하기만을 기다린 채 매복을 하고 있었다. 유엔군이 매복지점에 진입하자 중공군은 대담한 우회기동과 정면 분할포위를 실시하여 유엔군의 건제를 순식간에 와해시켰다.

여기에 이미 승리에 도취되어 인접부대와의 협조(協助) 없이 대대 또는 연대 단위로 한·만 국경선으로 질주하는 유엔군의 비(非)전술적 행동과 원산상륙작전으로 인해 빚어진 보급문제는 중공군의 승리에 크게 기여했다. 왜냐하면 보급차질로 인해 유엔군의 기동력과 화력이 저하되어 유엔군의 전투력은 이미 작전한계점(Culminating Point)에 도달해 있었기 때문이었다.

하지만 중공군의 공격이 유엔군이 중공군의 참전을 인지하지 못한 상태에서 진행된 완벽한 기습이라는 측면에서 분석해봤을 때는 그 성과가 그다지 크다고는 할 수 없다. 왜냐하면 소련의 군사 고문단이 지적한 것처럼 1, 2차 공세 당시 중공군은 결정적 전투에 투입할 예비대를 보유하지 못해 유엔군의 주력을 섬멸하지 못했기 때문이었다. 조금 더 정확하게 말하면 1, 2차 공세 당시 우회기동부대가 유엔군에게 가로막혔을 때, 중공군은 이를 증원하기 위한 부대를 보유하지 못해 유엔군의 철수를 허용했다는 것이다. 그 결과 중공군의 우회부대는 유엔군의 후방을 차단하지 못했고, 결국 유엔군은 주력을 보존할 수 있었다.

그렇지만 이런 상황을 중공군의 전술적 과오로 단정하기에는 무리가 있다. 왜냐하면 1, 2차 공세 당시 중공군은 혹시 있을지 모르는 서해안과 한반도 동부지역의 위협도 동시에 대처해야 했기 때문이다. 여기서 서해안의 위협은 유엔군의 상륙작전을 의미하고, 한반도 동부지역의 위협은 미 8군과 나란히 북진했던 미 10군단의 측방 유입을 의미한다. 당시 13병단 사령부는 수차례의 워 게임을 거쳐 유엔군의 측방 위협에 대비하기 위해 각각 2개 군 규모의 전력을 투입한 것이다. 즉 자신들의 측방을 방호하기 위해 주공에 편성해야 할 예비전력을 분산시킨 것이다.

연속된 두 차례의 승리로 중공 지도부는 고무되어 있었다. 특히 모택동은 아시아를 넘어 세계를 향해 중국의 힘을 과시하려고 했다. 그래서 중공군은 피로와 보급부족의 악조건하에서도 3차 공세를 전개했고, 승리의 여신은 중공군에게 미소를 지었다.

당초 예상과는 달리 유엔군은 중공군이 공격을 시작하자마자 철수 아니 철퇴를 하기 시작했다. 그 결과 조·중 연합군 사령관인 팽덕회는 무엇인가 이상한 느낌을 받기 시작했다. 팽덕회는 유엔군이 철수 또는 철퇴하는 이유는 "자신들을 남쪽으로 유인하여 제 2의 인천상륙작전을 감행하기 위해서이다"라고 생각했다. 더욱이 경주 일대에 유엔군의 예비부대가 집결되어 있다는 첩보가 접수되자 팽덕회의 머릿속에는 전장의 불확실성이 증폭되었고, 결국 갖가지 경우의 수를 따져 예하참모들과 워 게임을 거쳐 추격중지 명령을 예하부대에 하달하게 되었다.

이로 인해 북한군 지도부 및 소련 군사 고문단은 팽덕회의 추격중지 명령에 항의하기 시작했다. 팽덕회는 중공군이 이미 두 차례의 전역을 치러 이미 작전한계점에 도달해 있고, 중공군이 계속하여 추격할 경우 예비대가 배치되어 있지 않은 중공군의 후방은 제2의 인천이 될 가능성이 있다고 설명했다. 하지만 북한군 지도부와 소련 군사 고문단은 팽덕회의 설명에도 추격중지 명령을 납득하지 못했고, 결국 이 문제를 정치적으로 확대시켜 스탈린에게까지 보고하게 된다. 그러나 스탈린은 6・25전쟁의 전반적인 상황을 분석한 후에 팽덕회의 조치가 군사적으로 타당하다고 판단했다. 그리고 소련 군사 고문단으로 하여금 더 이상 팽덕회의 작전지도에 관여하지 못하도록 지시하여 이 일은 일단락되게 되었다.

중공군의 3차 공세를 분석해 보면 한마디로 웃지 못할 해프닝과 같다. 당시 유엔군이 철수 또는 철퇴를 한 이유는 단지 중공군에 대한 두려움 때문이었다. 또한 당시 유엔군은 중공군의 후방을 차단하기 위한 상륙작전을 계획하지도 않았다. 하지만 중공군은 이런 유엔군의 속내를 모른 채 유엔군의 철수는 자신들을 유인하여 상륙작전을 감행하기 위한 술수라고 생각했다. 이는 전쟁의 특성인 불확실성이 빚어낸 아이러니라고 할 수 있다.

하지만 당시 중공군의 입장에서는 유엔군의 상륙작전을 우려할 만한 상황에 처해 있었다. 왜냐하면 3차 공세 당시 중공군의 상황은 인천상륙작전 이전의 북한군과 별반 차이가 없었기 때문이었다. 우선 최초 입조한 13병단의 6개 군단 모두 최전방에 투입되었기 때문에 중공군 후방에는 예비대가 없었다. 둘째, 유엔 공군과 해군의 폭격과 포격으로 중공군의 병참선이 파괴되고 있었다. 셋째, 중공군은 이미 두 차례의 전투로 인해 작전한계점에 도달되어 있었으며, 계속되는 유엔군의 화력으로 인해 사상자가 증가되고 있었다. 이런 모든 점을 고려했을 때 후방의 안전을 강구하지 않은 채, 유엔군을 추격한다는 것은 아무래도 당시 중공군의 입장에서는 거의 군사적 도박에 가까웠을 것이다.

이처럼 중공군의 3차 공세에서 인천상륙작전의 영향은 전술적 차원을 넘어 작전술차원으로 발전하게 되었다. 단순히 전투력의 분산이 아니라 중공군의 전반적인 작전에 영향을 미치게 된 것이다.

이는 병참선의 신장과 연관이 있다. 중공군의 1, 2차 공세는 한·만 국경에서 얼마 떨어지지 않은 곳에서 실시되었으나, 3차 전역은 38도선과 37도선에서 진행되었다. 1, 2차 공세는 병참선이 100~200km 이내였으나, 3차 전역은 병참선이 500~700km로 신장된 것이다. 즉 중공군의 병참선이 신장될수록 유엔군의 후방 작전선에 노출되는 공간이 많아지기 때문에 중공군에 대한 유엔군의 상륙위협은 가중되었던 것이다. 이는 분명히 과거 실시되었던 인천상륙작전의 결과가 전장의 불확실성과 결합되어 생성되는 것으로 유엔군이 제2차 상륙작전을 계획하지 않을지라도 고려할 수 있는 위협이라 할 수 있다. 3차 전역 시 중공군의 추격을 중지한 이유도 바로 이 때문이라고 할 수 있다.

3차 공세 이후 유엔군의 사기는 급격히 저하되었다. 연속적인 세 차례의 패배 때문이었다. 국제는 세계 최강의 미국을 상대로 연이은 승리를 거둔 중공군을 신비의 군대로 칭송했고, 반대로 미국의 위상은 땅에 떨어지고 말았다. 무엇보다도 한반도를 둘러싼 패권경쟁에서 미국이 수세에 처하게 된 것이 가장 큰 문제였다.

따라서 미군은 더 이상의 패배는 용납이 되지 않았으며, 오로지 승리만이 필요했다. 그 결과 전장을 지휘하는 미 8군 사령관인 리지웨이 장군은 승리를 위한 특단의 조치가 필요했다. 리지웨이 장군은 승리의 해법을 찾기 위해 세 차례에 걸친 중공군과의 전투를 분석하기 시작했다.

중공군과의 전투를 분석하던 중 리지웨이 장군은 놀라운 사실을 발견했다. 그것은 바로 중공군은 보급체계가 부실하여 전투지속능력이 약 1주일 이하라는 사실이었다. 실제로 3차 공세 이후 공세기간은 모두 1주일을 넘지 못했다. 리지웨이 장군이 발견한 또 하나의 중요한 사실은 중공군은 항상 유엔군의 후방으로 공세하여 유엔군을 심리적으로 와해시킨다는 사실이었다.

리지웨이 장군은 이 두 가지 사실을 바탕으로 전세를 역전시킬 새로운 전략을 수립했다. 그것은 바로 '제한목표 공격지침'이었다. '제한목표 공격지침'은 두 가지 장점을 가지고 있었다. 첫째, '제한목표 공격지침'은 중공군의 전투지속능력을 저하시킬 수 있었다. 앞에서 언급한 것처럼 중공군의 전투지속능력은 1주일이었다. 미8군과 국군은 결정적인 전투를 회피한 채 중공군과 지속적으로 접촉을 유지했다. 접촉유지 기간은 3~4일 정도였다. 이로 인해 유엔군과 결정적인 전투를 벌일 시점에서의 중공군은 식량, 탄약 등 보급물자가 고갈되어 전투를 중지하고 재편성을 위해 철수를 해야만 했다. 이로 인해 유엔군의 피해는 줄어들었고, 장병들의 사기도 높아졌다.

둘째, '제한목표 공격지침'은 중공군의 전략을 원천봉쇄할 수 있었다. 중공군의 전략은 유동전이었다. 이 유동전의 특징은 정면압박과 동시에 우회기동부대를 편성하여 유엔군의 퇴로를 차단한 이후에 앞뒤에서 협격하여 유엔군을 격멸시키는 섬멸전략이었다. 그동안 유엔군이 중공군에게 후방차단을 허용했던 이유는 유엔군이 도로 위주로 작전을 펼쳤기 때문이었다. 중공군은 유엔군 부대와 부대 사이의 간격을 이용하여 유엔군의 후방으로 기동한 것이었다. 하지만 리지웨이 장군은 '제한목표 공격'을 실시하면서 통제선을 설정하여 예하부대들에게 책임지역 내의 모든 적을 섬멸하고 나란히 전진하도록 명령했다. 그 결과 유엔군 예하부대의 전선은 굴곡이 없는 직선으로 형성되어 중공군의 후방기동을 원천봉쇄할 수 있었다. 이로 인해 중공군은 4차 공세 이후부터 후방우회기동을 할 수 없게 되었으며 유엔군과 정면으로 전투를 벌여야만 했다. 4차 공세 이후 전장은 38도선과 37도선 사이의 평지에서 형성됐으므로 유엔군의 후방으로 기동하지 못한 중공군은 유엔군의 화력에 엄청난 피해를 보게 되었다. 이처럼 리지웨이 장군의 작전지도는 중공군의 약점을 100% 이용한 것이었다.

중공군은 세 차례의 전투를 치른 이후 전투력이 약화된 상태에서 4차 공세를 맞이했다. 유엔군은 위력수색에 이은 반격작전으로 계속해서 북진했다. 하지만 중공군은 휴전이 조심스럽게 논의되고 있는 시점에서 유엔군의 북진을 계속해서 허용할 수는 없었다. 그 결과 팽덕회는 전장의 주도권을 탈취하고 정치협상에서의 우위를 점하기 위해 4차 공세 1단계 작전을 감행하게 된다.

팽덕회는 유엔군의 전선을 살펴본 후, 횡성과 지평리 지역이 돌출되어 있다는 사실을 발견했다. 팽덕회는 횡성과 지평리를 공격목표로 선정한 후 국군(8사단과 3사단)이 북진하고 있는 횡성을 격파하고, 그 여세를 몰아 미 23연대 전투단이 있는 지평리를 공격하기로 결정했다. 중공군이 압도적인 전투력을 횡성에 투입하여 반격에 나서자 국군은 4시간 만에 와해되어 삼삼오오 후방으로 흩어지기 시작했다. 그러자 팽덕회는 모든 역량을 지평리로 전환하여 미 23연대 전투단을 공격하도록 지시했다.

중공군의 공격으로 동부전선이 붕괴되자 미 10군단의 측방이 중공군에게 노출되게 되었다. 당시 미 23연대 전투단은 미 10군단의 우측방에 있었으므로 미 10군단이 완전히 철수할 때까지 지평리를 떠날 수 없었다. 그 결과 미 23연대 전투단은 엄청난 수의 중공군에게 겹겹이 포위되어 힘겨운 사투를 시작했다. 순식간에 적에게 고립된 미 23연대 전투단은 세계의 집중을 받게 되었다. 모든 사람들은 조만간 미 23연대 전투단이 전멸할 것이라고 예측했다. 하지만 결과는 정반대였다. 미 23연대 전투단은 유엔군의 강력한 화력지원을 받아 중공군의 제파식 공격을 3일간이나 견뎌냈다. 그러자 중공군은 또 다시 어디론가 사라졌다. 중공군이 횡성전투를 위해 전개한 이후에 1주일이 지났기 때문이었다. 또한 중공군은 본국에서 새롭게 참전하는 19병단을 엄호하기 위해서는 전선의 전투력을 보존해야 했으므로 더 이상 유엔군의 강력한 화력에 피해를 입을 수 없었다. 그래서 중공군은 유엔군과의 접촉을 단절하고 어디론가 연기처럼 사라진 것이다.

4차 공세 1단계 작전이 종료되자 중공군은 더욱더 수세에 빠졌다. 평지에서는 유엔군의 화력을 당해낼 수 없었으며 이미 네 차례의 전투로 인해 전투력은 이미 30~50%까지 저하되어 있었기 때문이었다. 그래서 팽덕회는 본토에서 증원전력이 전개할 시간을 벌기 위해 기동방어로 전략을 수정하게 된다. 이는 병력의 손실을 최소화하고 적의 피해도 강요하는 이중목적에서 수립되었다. 그 결과 병력은 전경후중(前輕後重)의, 화력은 전중후경(前重後輕)의 전략으로 전 병력과 화력 기재들이 이중으로 배치되었다.

이때 팽덕회가 가장 두려워했던 것은 유엔군의 상륙작전이었다. 왜냐하면 이 당시 그나마 부족한 후방의 예비대 병력을 전방 부대로 증원하여 후방의 전투력이 더욱 빈약해졌기 때문이었다. 실제로 원산 일대에서 전투력 복원을 마친 9병단 26군은 서부전선으로 이동하여 북한군 1군단 19사단과 1선의 맨 우측에서 방어를 실시했고, 서해안을 따라 38선으로 향하던 19병단(2차 파병부대)에게 서해안 방어임무를 병행시켰다. 즉 4차 공세에서도 유엔군의 상륙위협은 중공군의 아킬레스건을 조준하는 활과 같은 역할을 한 것이다.

하지만 유엔군의 상륙위협은 전장뿐만 아니라 중공 지도부에까지 영향을 미쳤다. 모택동은 유엔군의 강력한 화력과 신장된 병참선에 지향되는 유엔군의 상륙위협으로 인해 더 이상의 전략적 승리를 얻을 수 없다고 결론지었다. 그 결과 미국을 넘어 세계의 중심으로 도약하고자 했던 그의 야망도 함께 접을 수밖에 없었다. 모택동은 그 대신 소련을 이용하여 중공군의 현대화라는 새로운 전략을 수립하게 된다. 모택동은 '윤번제 순환참전 전략'을 수립하여 본토에 있는 부대들까지 6·25전쟁에 투입하여 현대전을 경험하게 했다. 이는 중공군을 소련의 최신 무기와 물자로 무장할 수 있고, 장병들이 현대전을 경험할 수 있는 기회를 제공하는 일석이조의 효과가 있었다. 이처럼 인천상륙작전으로 인해 증폭된 불확실성은 중공군의 전술, 작전술을 넘어 중공 지도부의 전략을 수정케 하는 주요 원인으로 작용하게 되었다.

팽덕회의 효과적인 기동방어로 인해 본국에서 추가 파병된 19병단과 3병단은 전개를 완료했고, 2차 공세 시 미 해병1사단에게 엄청난 피해를 입었던 9병단도 전투력 복원을 마쳤다. 이때 국제사회에서는 휴전의 목소리가 높아지고 있었다. 왜냐하면 6·25전쟁이 장기화될 경우 유럽지역의 미군이 한반도로 전용되어 유럽의 안보가 소련에게 위협당하는 사태가 발생할 수 있기 때문이었다. 그 결과 양측은 차후 휴전에서의 우위를 점하기 위해 전장에서의 승리를 또 다시 요구받게 되었다.

이때 조·중 연합군 사령부에 "미군의 증원부대와 국군이 일본에 집결하고 있고, 유엔 공군이 후방 병참선을 파괴하고 있으며, 유엔 해군이 북한 도서지역에 대한 교란 활동을 전개하고 있다"라는 첩보가 접수되었다. 이로 인해 조·중 연합군 사령부는 유엔군이 평양~원산 선에 상륙작전을 실시할 것이라는 예측을 하게 된다. 왜냐하면 평양~원산 선은 그 폭이 170km로 유엔군이 점령할 경우 공격과 방어에 모두 유리한 지역이기 때문이었다.

팽덕회는 참모들과 여러 차례의 숙고 끝에 유엔군의 상륙기도를 분쇄하기 위해서는 전방에 배치된 유엔군을 최대한 많이 섬멸하여 상륙 전력을 전방으로 끌어들여야 한다는 결론에 도달했다. 그 결과 팽덕회는 유엔군이 상륙작전을 감행하기 이전에 선제타격을 계획하고 5차 공세 1단계 작전에 돌입하게 된다.

하지만 유엔군의 전선은 견고했다. 그리하여 중공군은 후방기동을 위한 돌파구를 확장할 수 없었고, 양측은 정면으로 대치할 수밖에 없었다. 그 결과 중공군은 유엔군의 강력한 화력에 노출되어 많은 피해가 발생했고, 모택동에게 노동절 선물로 서울을 바치겠다는 팽덕회의 계획은 물거품이 되어 버렸다. 4차 공세 이후 계속되는 패배로 인해 팽덕회는 승리에 대한 부담감이 더욱 커졌다. 그 결과 곧 바로 5차 공세 2단계 작전을 전개해야만 했다. 중공군은 유엔군의 강력한 화력 앞에서는 더 이상의 승산이 없다고 판단하고 작전목표를 동부전선의 국군으로 변경했다. 그리고 국군의 후방에 세 개의 작전선을 지향하는 '3중 양익포위작전'을 수립하게 된다.

하지만 이 작전은 팽덕회의 구상대로 전개되지는 않았다. 왜냐하면 좌측에서 포위망을 형성하려던 북한군이 험난한 지형에 가로막혀 포위망을 형성하지 못했기 때문이었다. 그 결과 조·중 연합군의 포위망은 형성되지 못했고, 국군은 후방으로 철수할 수 있게 되었다. 오히려 서부전선에서 미 3사단과 186공수연대가 증원되어 유엔군 진영으로 깊숙이 진입한 중공군의 퇴로가 차단되게 되었다. 이로 인해 중공군 20군과 27군의 경우 유엔군의 증원부대에게 역(逆)포위되어 막대한 피해를 입게 되었다. 결국 중공군은 유엔군의 역포위와 화력에 심각한 타격을 받고 또 다시 북쪽지역으로 철수를 해야만 했다.

5차 공세에서 주목할 점은 중공군이 유엔군의 상륙기도를 분쇄하기 위해 선제공격을 했다는 사실이다. 당시 중공군 참모장이었던 해방은 그의 회고록에서 "5차 전역은 전투준비가 제대로 갖추어지지 않은 상태에서 실시되었다"라고 회상하고 있다. 이는 중공군이 그 당시 얼마나 유엔군의 상륙위협에 민감히 반응했는지를 보여주는 단적인 예일 것이다.

5차 공세결과 모택동은 유엔군의 막강한 화력과 상륙위협을 재차 확인하게 되어 중공군의 전략은 유엔군을 섬멸하기 위한 운동전에서 현 상태를 유지하기 위한 지구전(장기간의 진지전)으로 바뀌었다. 그 결과 양측의 전선은 38선 일대에서 고착화되었고, 양측의 대규모 기동전은 휴전이 조인될 때까지 이루어지지 않았다.

지금까지 유엔군의 상륙작전이 중공군에 미친 전술, 작전술, 전략적 영향에 대해 살펴보았다. 무엇보다도 전장이 남하할수록 중공군이 느끼는 유엔군의 상륙위협이 증대되었다는 사실을 알 수 있었다. 왜냐하면 전장이 남하할수록 중공군은 병참선이 신장되어 유엔군의 상륙위협에 그만큼 많이 노출되었기 때문이다.

유엔군의 상륙위협은 중공군의 1, 2차 공세에서는 전투력을 분산시키는 전술적 차원에서, 3차 공세에서는 추격을 중지시키는 작전술적 차원에서, 4, 5차 공세에서는 중공 지도부의 전략을 수정케 하는 전략적 차원에서의 효과를 발휘했다. 이는 중공군의 우려와는 달리 유엔군이 어떠한 상륙작전을 계획하지 않았음에도 발생한 효과였다. 단지 인천상륙작전으로 북한군을 한순간에 와해시켰을 뿐만 아니라, 그 사실 하나만으로 중공군의 불확실성을 증폭시켜 그들로 하여금 유엔군의 상륙작전에 끝까지 대비하게 만드는 뜻밖의 결과를 낳았다는 의미이다.

이처럼 전장의 불확실성은 공격자와 방어자 모두에게 영향을 미친다. 지금에서야 6·25전쟁 당시 유엔군과 중공군의 지휘관들의 이해하지 못할 작전지도가 단지 해프닝으로 웃어넘길 수 있지만, 지금 웃고 있는 당사자가 전쟁을 지휘하게 된다면 그의 머릿속에는 온통 불확실성에 대한 걱정과 우려가 가득차게 될 것이다. 또한 적의 행동을 예측하기 위해 모든 경우의 수를 따져 워 게임을 실시할 것이다. 왜냐하면 자신의 손실을 최소화하여 전쟁에서 승리하고

자 하는 것이 전쟁의 목표이기 때문이다. 먼 훗날 후손들은 지금 전쟁을 수행하는 우리들의 작전지도를 해프닝으로 간주할 것이고, 이런 과정은 전쟁이 지구상에서 사라질 때까지 반복될 것이다.

참고문헌

1. 1차 사료 및 정부 공식간행물

가. 대한민국

국방부군사연구소, 『중공군의 한국전쟁』(서울: 국방부, 1994).

국방부군사연구소, 『한국전쟁(상・중・하)』(서울: 국방부, 1995).

국방부군사연구소, 『한국전쟁자료총서 14』(서울: 국방부, 1997).

국방부군사연구소, 『중공군의 전략전술 변천사』(서울: 국방부, 1996).

국방부 전사편찬위원회, 『인천상륙작전』(서울: 국방부, 1983).

국방부 전사편찬위원회, 『미국합동참모본부사』(서울: 국방부, 1990).

국방부 전사편찬위원회, 『한국전쟁사 제5권－중공군 침략과 재반격 작전기 (50. 12. 1～51. 4. 30)』(서울: 국방부, 1972).

국방부 전사편찬위원회, 『한국전쟁(중)』(서울: 국방부, 1996).

국방부 전사편찬위원회, 『중공군의 한국전쟁』(서울: 국방부, 1989).

육군대학, 『한국 전투사』(대전: 육군대학, 1997).

육군본부 군사연구실, 『한국전쟁과 전투근무지원』(대전: 육군본부, 1994).

육본정보참모부, 『북괴 6・25 남침 분석』(서울: 육군본부, 1970).

합동참모본부, 『한국전사』(서울: 합참, 1984).

나. 미 국

Appleman, Roy E, *South to the Naktong, North to the Yalu*(Washington D. C.: Unite States Government Printing Office, 1992).

Gugeler, Russel A, *Combat Actions in Korea*(Hawaii: University Press of the Pacific, 1987).

Mossman, Billy C, *Ebb and Flow November 1950~July 1951*(Washington D. C.: Unite States Government Printing Office, 1990).

Schnabel, James F, *Policy and Direction: The First Year*(Washington D. C.: Unite States Government Printing Office, 1992).

Westover, John G, *Combat Support in Korea*(Washington D. C.: Unite States Government Printing Office, 1987).

다. 중 국

軍事科學院, 『中國人民志願軍 韓國戰爭史』(北京: 軍事科學院軍事歷史研究部, 1987); 『중공군의 한국전쟁사(1권)』, 오규열 역(서울: 국방부, 2002).

軍事科學院, 『中國人民志願軍 韓國戰爭史』(北京: 軍事科學院軍事歷史研究部, 1987); 『중공군의 한국전쟁사(2권)』, 박동구 역(서울: 국방부, 2005).

軍事科學院, 『中國人民志願軍 韓國戰爭史』(北京: 軍事科學院軍事歷史研究部, 1987); 『중공군의 한국전쟁사(3권)』, 국방부 군사편찬연구소 역(서울: 국방부, 2005).

軍事科學院, 『中國人民志願軍 抗美援朝戰史』(北京: 軍事科學院軍事歷史研究部, 1987); 『중공군의 한국전쟁사: 抗美援朝戰史』, 한국전략문제연구소 역(서울: 세경사, 1991).

김경현・김순수 역, 『한국전쟁시 중공군 전술 분석 및 평가』(서울: 화랑대연구소, 2004).

中國人民志願軍抗美援朝戰爭經驗的總結編寫委員會, 『抗美援朝戰爭的經驗總結』(1956年 10月).

楊鳳安·王天成, 『駕馭朝鮮戰爭的人』(北京: 中共中央黨; 較出版社, 1993).

한림대아시아문화연구소, 『한국전쟁기 중공군문서』(춘천: 한림대 아시아문화연구소, 2000).

행자부 정부기록보존소, 『한국전쟁관련 중국자료선집 한국전쟁과 중국 I, II』(서울: 행정자치부, 2002).

라. 러시아

대한민국외무부, 『한국전쟁관련 러시아문서: 기본문헌, 1949~1953』.

대한민국외무부, 『한국전쟁관련 러시아문서: 보충문헌, 1949~1953』.

라주바예프, 『6 · 25전쟁 보고서』(서울: 군사편찬연구소, 2001); 외교통상부, 『한국전쟁관련 소련외교문서』(미간행, 1994).

Torkunov, Anatoly, 허남성 · 이종판 역, 『한국전쟁의 진상: 기원, 고정, 종결』(서울: 국방대학교 안보문제연구소, 2005).

마. 북 한

김일성, 『김일성 저작집(6권)』(평양: 조선노동당 출판사, 1980).

북한 사회과학원 역사연구소, 『조선전사(25권)』(평양: 백과사전출판사, 1982).

허종호, 『조국해방전쟁사 1~3』(평양: 백과사전출판사, 1993).

2. 자서전 및 회고록

MacArthur, Douglas, *Reminiscences*(New York: McGraw Hill, 1964).

Ridgway, Matthew B, *The Korean War*(New York: Doubleday, 1967); 『한국전쟁』, 김재관 역(서울: 정우사, 1981).

맥아더, 구범모 역, 『맥아더 회고록』(서울: 한림출판사, 1971).

백선엽, 『군과 나』(서울: 대륙연구소 출판부, 1992).

중국해방출판사, 남종호 역, 『모택동 자서전』(서울: 다락원, 2002).

洪學智, 『抗美援朝戰爭回憶』(北京: 解放軍 文藝出版社, 1991); 『중국이 본 한국전쟁: 인해전술의 전쟁기록』, 홍인표 역(서울: 고려원, 1992).

3. 단행본

Guderian, Heinz, *Erinnerung eines Soldaten(한 군인의 기억; Panzer Leader;*

기계화 부대장), Motorbuch Verlag, 18, 2003.

Goncharov, Sergei N, *Uncertain Partner*(California: Stanford University, 1993).

김광석, 『용병술어연구』(서울: 병학사, 2001).

김용주, 『리더십의 이론과 실제』(대전: 육군 리더십 센터, 1999).

김경현, 『중국의 한국전쟁 개입 전말』(서울: 화랑대연구소, 2008).

김정계·허창무 역, 『모택동의 군사전략』(서울: 중문, 1994).

김정필, 『군사전략, 작전, 전술』(서울: Bansok, 2003).

노병천, 『나쁜전쟁 더 나쁜전쟁』(서울: 양성각, 2008).

Rottman, Gordon L, *Inch'on 1950*(Oxford: Osprey, 2006); 『인천 1950』, 김홍래 역(서울: 플래닛 미디어, 2006).

Manstein, Erich von, 육군본부 역, 『잃어버린 승리(Der Verlorene Sieg)』(대전: 군사연구실, 1984).

Martin Russ, *Break Out: The Chosin Reservoir Campaign, Korea 1950*(New York: Penguin Books, 2000); 『브레이크아웃: 1950 겨울, 장진호 전투』, 임상균 역(서울: 나남출판사, 2004).

비비라 터크먼, 『8월의 포성』(서울: 평민사, 2008).

Blumentritt, Guenthe, 류제승 역, 『전략과 전술. 페르시아 전쟁에서 20세기 핵전쟁까지(Strategie und Taktik)』(서울: 한울 아카데미, 1995).

손자, 김광수 역, 『손자병법』(서울: 책세상, 1999).

송인영, 『전쟁사 II』(서울: 선코퍼레이션, 2000).

쇼오이, 와타나베, 차영구 역, 『독일군 참모본부』(서울: 병학사, 1983).

안준광·송요태, 『군사전략개론』(서울: 선코퍼레이션, 1999).

Edgar Snow, *Red Star Over China*(Atlanta: Grove Press, 1973); 『중국의 붉은 별(상)』, 홍수원·안양노·신홍범 역(서울: 두레 출판사, 1985).

葉雨蒙, 『黑雪: 中國の朝鮮戰爭參戰秘史』(東京: 同文館, 1990); 『한국전쟁(黑雪)』, 오정윤 역(서울: 독서당, 1993).

Whiting, Allen S, *China Crosses the Yalu: The Decision to Enter the Korean War*(New York: MacMillan, 1960).

Westad, O. A, *Brothers in Arms: The Rise and Fall of the Sino-Soviet Alli-*

ance, 1945~1963(Stanford, CA: Stanford University Press, 1998).

Zhang, Shu Guang, *Mao's Military Romanticism*(Lawrence, KS: University Press of Kansas, 1995).

유상철, 『저우언라이 평전』(서울: 베리타스북스, 2007).

육군본부 군사연구실, 『6·25 전쟁의 실패사례와 교훈』(대전: 육군본부, 2004).

육군사관학교, 『한국전쟁사』(서울: 일신사, 1996).

육군사관학교, 『한국전쟁사 부도』(서울: 일신사, 1998).

육군사관학교 군사사학과, 『군사사상사』(서울: 황금알, 2006).

이종석, 『북한-중국관계, 1945~2000』(서울: 중심, 2000).

이완범, 『한국전쟁: 국제전적 조망』(서울: 백산서당, 2000).

Ikujirou Nonaka, *The Leadership of Winners*(Tokyo: Nihon Keizai Shimbun, 2005); 『전략의 본질』, 이해성 역(서울: 비즈니스맵, 2006).

日本陸戰史普及會, 『韓國戰爭(2권)』(東京: 日本陸戰史普及會, 1986); 『부산 교두보 확보』, 이원복 역(서울: 명성출판사, 1991).

日本陸戰史普及會, 『韓國戰爭(5권)』(東京: 日本陸戰史普及會, 1986); 『한국전쟁: 중공군의 공세』, 이완복 역(서울: 명성출판사, 1991).

日本陸戰史普及會, 『韓國戰爭(7권)』(東京: 日本陸戰史普及會, 1986); 『유엔군의 재반격』, 이원복 역(서울: 명성출판사, 1991).

이희옥, 『모택동선집 I』(서울: 전인, 1989).

John Toland, *In Mortal Combat Korea, 1950~1953*(New York: QUILL WM MORROW, 1991); 『사선을 넘어』, 육군본부 역(대전: 육군본부, 1994).

朱建榮, 『毛澤東の 韓國戰爭』(東京: 岩波書店, 1991); 『모택동은 왜 한국전쟁에 개입했을까』, 서각수 역(서울: 역사넷, 2005).

Clay Blair, *The Forgotten War: America in Korea 1950~1953*(New York: Tim Books, 1987).

Dupuy, Trevor N, *Understanding Defeat*(New York: NOVA Publications, 1990); 『패전분석』, 최종호·정길현 역(서울: 삼우사, 2000).

최용호, 『끝나지 않은 6·25 전쟁 이야기, 그때 그날』(서울: 삼우사, 2005).

Frieser, Karl-Heinz, *Blitzkrieg-Legende. Der Westfeldzug 1940(전격전의 전설. 1940년의 서부전역)*, Oldenburg, Militäregeschichtliches Forschungsamt(독일 戰史연구소), 2005.

홍성태, 『한국전의 기동전 분석』(대전: 육군교육사령부, 1996).

황인모, 『중공과 한국전쟁』(서울: 병학사, 1989).

Hammes, Thomas X, 최종철 역, 『21세기 제4세대 전쟁(The Sling and the Stone. On War in the 21st Century)』(서울: 국방대학교 안보문제 연구소, 2008).

4. 연구논문

강신철, "알렉산더 대왕의 망치와 모루 전술: 합동과 제병협동의 뿌리를 찾아서", 『군사연구』 120호(2004).

김광수, "인천상륙작전은 기습이 아니었는가?", 『전사』 제2호(국방군사연구소, 1999).

김영인, "인천상륙자전이 자전술차원분서", 『군사평론』 334호(1987).

김행복, "한국전쟁 시 유엔군의 상륙작전이 공산군에 미친 영향", 『군사』 28호(1994).

문영한, "작전술 구상에 있어서 3가지 핵심개념", 『군사평론』 286호(1990).

박명림, "중국군 참전 이후의 재역전과 변화(1)–스탈린, 모택동, 팽덕회, 김일성의 구상과 전략", 『전략연구』 통권 17호(1999).

박명림, "중국군 참전 이후의 재역전과 변화(2)–스탈린, 모택동, 팽덕회, 김일성의 구상과 전략", 『전략연구』 통권 18호(2000).

박명서, "인천상륙작전과 서울탈환이 한국전쟁에 미친 영향", 『군사논단』 28호(2001).

박창희, "중국의 전쟁수행 전략에 관한 연구: 모택동 전략을 중심으로", 고려대 박사학위논문(2001).

석영준, "작전한계점 고찰: 6·25전쟁 전례분석을 중심으로", 『군사연구』 120호(2004).

선지화, “소련과 한국전쟁: 러시아 비밀해제 당안 속의 역사진상”, 『현대북한연구』 3(2000).

양영조, “6・25 전쟁 시 중국군의 지구전 전략과 군사개혁: 조중연합군사령원 팽덕회 전략을 중심으로”, 『한국근현대사연구』 33권(2005).

이상호, “맥아더와 한국전쟁, 1945∼1951”, 한국학중앙연구원 한국학대학원 박사학위논문(2007).

이완범, “한국전쟁과 항미원조전쟁”, 『정신문화연구』 제23권 제3호(2000).

이완범, “중국의 한국전쟁 참전: 중국－러시아 자료의 비교를 중심으로”, 『정신문화연구』 79호(2000).

이기홍, “작전술이란 무엇인가?”, 『군사평론』, 제300호(1992).

이창훈, “작전한계점에 관한 연구: 한국전쟁 전례분석을 중심으로”, 『군사평론』 제344호(2000).

오정택, “한국전쟁 초기 중국군의 군사전력과 전술 변화양상 연구”, 석사학위논문, 국방대학교(2007).

유재춘, “인천상륙작전의 기습전례 분석”, 『3사교 논문집』 53호(2001).

육홍수, “한국전쟁 시 중국군의 작전지도 분석”, 『군사평론』 346호(2000).

전종순, “중공군 정월공세 시 리지웨이와 팽덕회의 작전지도”, 『군사』 45호(2002).

채병승, “경영과 전쟁: 워 게임에서 배우는 경영의 지혜”, 『SERI 경영노트』 37호(2010).

최병순, “전장 리더십 역량 개발 방안: 참전자 증언을 중심으로”, 국방대학교(2009).

최용호, “중공군의 3차 공세와 1・4후퇴 그리고 원주”, 『국방저널』 3월호(2003).

Tsui, David, “중공군의 한국전쟁 참전: 1949년 5월부터 1951년 7월까지(Ⅰ)”, 『전략연구』 통권 35호(2005).

Tsui, David, “중공군의 한국전쟁 참전: 1949년 5월부터 1951년 7월까지(Ⅱ)”, 『전략연구』 통권 36호(2006).

Tsui, David, “중공군의 한국전쟁 참전: 1949년 5월부터 1951년 7월까지(Ⅲ)”, 『전략연구』 통권 37호(2006).

Tsui, David, "중공군의 한국전쟁 참전: 1949년 5월부터 1951년 7월까지 (VI)", 『전략연구』 통권 38호(2006).

Tsui, David, "중공군의 한국전쟁 참전: 1949년 5월부터 1951년 7월까지 (V)", 『전략연구』 통권 39호(2007).

Hall, George M, "Culminating Point", *Military Review*, U. S. Army Command General Staff College, July, 1989.

5. 군사자료

U. S. Department of the Army, Field Manual 100-5 Operations(1986), Annex B, *Key Concepts of Operational Design*.

U. S. Headquarters Department of the Army, Fiend Manual 3-0 *Operation*, June, 2001.

육군교육사령부, 『전술제대 입체고속기동전 수행방안』(대전: 육군교육사령부, 2003).

육군본부, 『군사용어사전』(대전: 육군본부, 2006).

합동참모본부, 『합동 · 연합작전 군사용어사전』(서울: 합동참모본부, 1998).

저자 소개

조상근(曺上根) 육사 56기로 임관
한국학 중앙연구원 한국학대학원 정치학 석사
현재 동 대학원에서 박사과정 중
주요연구 분야: 중공군 전략·전술, 소부대전투, 4세대 전쟁

New Military Paradigm 2
Fog of War – 인천상륙작전 vs 중공군 – 값 15,000원

2010년 10월 4일 1판 1쇄

저 자 조 상 근
발 행 인 임 동 규
발 행 처 **집 문 당**
주 소 413-756 경기도 파주시 교하읍 문발리 514-7(본사)
110-360 서울시 종로구 와룡동 95번지(서울사무소)
등 록 1971. 3. 23. 제406-2003-000039호
영 업 부 (02)743-3192~3 팩스(02)742-4657
전자우편 sale@jipmoon.co.kr
편 집 부 (02)743-3096 팩스(02)743-3097
전자우편 edit@jipmoon.co.kr
홈페이지 www.jipmoon.co.kr

ISBN 978-89-303-1480-0
978-89-303-1405-3(세트)

이 도서의 국립중앙도서관 출판시도서목록(CIP)은 e-CIP 홈페이지 (http://www.nl.go.kr/ecip)에서 이용하실 수 있습니다.(CIP제어번호: CIP2010003380)